kailash

ANNA
ZEMANN

You are Nature

Verbinde dich
mit deiner Natur
und verändere
die Welt

kailash

Bildnachweis:
Fotos im Innenteil von Anna Zemann und Doris Kwiatkowski (S. 42 und S. 286).

Klimaneutral
Druckprodukt
ClimatePartner.com/14044-1912-1001

MIX
Papier aus verantwortungsvollen Quellen
FSC® C106600

Verlagsgruppe Random House FSC® N001967

1. Auflage
Originalausgabe

in der Verlagsgruppe Penguin Random House GmbH
Neumarkter Str. 28, 81673 München
Lektorat: Eva Dotterweich
Satz: Satzwerk Huber, Germering
Umschlaggestaltung: ki 36, Daniela Hofner Editorial Design, München
Autorenfoto: Lukas Lorenz
Druck und Bindung: DZS Grafik, Ljubljana
Printed in Slovenia
ISBN 978-3-424-63213-2
www.kailash-verlag.de

Für Mama Gaia

DIE SCHÖNSTE, VERRÜCKTESTE,
KRAFTVOLLSTE UND MAGISCHSTE PLANETENSEELE
IM UNIVERSUM VON ALLEN.
DIE BLAUE WUNDERKUGEL IM ALL.
DAS FRIEDLICHE LICHT IM UNENDLICHEN SCHWARZEN MEER.

Inhalt

Eine neue Sicht auf die Natur

LOS, SIEH DICH UM. SCHAU HIN.
SCHLIESSE DIE AUGEN.
BLICKE TIEF IN DEIN HERZ.
SUCHE NICHT, SONDERN LASS DICH FINDEN.
STELLE FEST, WAS WIRKLICH ZÄHLT.

»WELCHE NEUE PERSPEKTIVE
AUF UNSERE ERDE TUT SICH SO IN DIR AUF?«,
FRAGT DIE NATUR.

EINE NEUE PERSPEKTIVE
ODER AUCH: DAS VORWORT

»Kuckuck … Kuckuck … Kuckuck«, tönt es in der Ferne. Jedes Mal auf der exakt selben Stelle beginnt der Vogel zu rufen. »Ob er sich wohl genauso freut, mich zu sehen, wie ich, ihn zu hören?« Eine Antwort auf die Frage darf ich mir selbst geben.

Heute ist die Luft frisch, kühl und angenehm. Der Tau glitzert in der Morgensonne. Lässt das Gras aussehen wie ein Meer aus leuchtenden Tropfen. Es herrscht eine friedliche Stimmung im Wald, und schon nach wenigen Schritten durch ihn gelingt es mir, ein Teil dieser guten Energie zu werden.

Am Rande des Weges wachsen meterhohe Disteln. Das Jahr zuvor wurden hier Bäume gefällt, und man sagt, Pflanzen mit Stacheln wachsen vermehrt an solchen Orten. Sie haben eine Schutzaufgabe, damit alles fernbleibt und sich die Erde erholen kann. Ob es tatsächlich so ist, werden wir nie wissen. Einmal mehr gilt es hier dem Wissen der Natur zu vertrauen.

Das Wasser, an dem ich entlanggehe, ist seelenruhig. Nur zwei Schwäne lassen sich auf ihm treiben. Ihre Körper spiegeln sich in der glatten Oberfläche so real, als gäbe es sie zweimal. Immer wenn ich sie sehe, öffnen sie mir ein Tor in eine andere Welt. Schenken mir so nicht nur einen wunderschönen Blick auf ihren Körper, sondern auch auf ihre Seele.

Kurz nach den Schwänen verlasse ich den Weg und tauche tiefer ab in den Wald – dem Zuhause der Bäume. Ich folge einem kleinen Pfad, der auf den ersten Blick kaum sichtbar ist. Egal wie oft ich ihn betrete, immer und immer wieder muss ich mich konzentrieren, Spuren lesen und besonders achtsam sein, um ihn nicht zu übersehen. Er zwingt mich dazu, ganz bei mir zu bleiben und der unsichtbaren Sprache der Natur zu folgen, die mir Schritt für Schritt den richtigen Weg weist.

Und gelingt es mir, erreiche ich schon nach kurzer Zeit mein erstes Ziel, einen uralten Baum: dicke Rinde, starke Wurzeln, fester Körper, knorrige Ausstrahlung, ruhige Seele, wunderbare Energie. »Hallo, Buddy«, sage ich zu ihm. An der Natur nicht nur vorbeizugehen, sondern mit ihr zu sprechen und ihr Aufmerksamkeit zu schenken, ist ein Ritual, das mit der Zeit in mir gewachsen ist. Für mich fühlt es sich ganz einfach gut an, dem Leben, das darin wohnt, bewusst zu begegnen.

Entlang des Weges warten noch viele »Buddies« auf mich – manche von ihnen stehen eng beieinander, bilden »Geschwisterbäume«, andere wieder brauchen mehr Platz für sich. Irgendwie ist es bei ihnen so wie bei uns Menschen: Jeder Baum sucht sich den Raum, den er für sich braucht. Sie sind zwar alle ein Teil der selben Natur, haben aber doch auch ihre ganz indviuelle.

Ich liebe es zu beobachten, wie die Sonne die Bäume begrüßt, wie durch ihre Wärme nicht nur sie, sondern auch ich aufwache, und wie die Vögel langsam mehr und mehr aus ihren Nestern kommen. Schlussendlich lande ich auf einer Lichtung mitten im Wald. Der Specht ist dort bereits eifrig am Werk und gibt den Takt vor. Ich schließe meine Augen, atme die gute Energie ein, ziehe meine Schuhe aus und stelle mich barfuß auf die Erde. Der kalte Grund weckt meinen Körper von der Zehenspitze an auf. Zieht mich nach unten, verbindet meinen Körper mit dem Körper der Erde. Meine Füße werden zu Wurzeln, mein Körper zu einem Baumstamm, meine Hände zu Ästen, meine Gedanken, Ideen, Einfälle zu Blättern, die im Wind tanzen und aus mir herauswachsen, um – so wie alles in der Natur – das Leben auf der Erde zu bereichern, als Teil von vielen. Als ein Teil des Kreislaufs des Lebens.

Immer und immer wieder zeigt mir die Natur auf ganz einfache Weise, ohne großes Tamtam, wie verbunden, lebendig und wunderbar das Leben ist, ganz einfach, weil ich es durch sie auch wieder so richtig in mir selbst spüren kann. Wann immer ich draußen in der Natur bin, brauche ich keine Ruhe, sondern bin die Ruhe selbst. Die Vögel werden meine Meditation. Die Bäume meine Ratgeber. Der Wald mein Tempel für Stille. Die Tiere meine Begleiter. Die Natur zu mir: ein Zuhause im Außen, aber auch in mir selbst. Und das Leben ein sichtbarer Ort der Fülle. Ein Tanz, den ich durch die Natur wieder gelernt habe zu tanzen.

Vor drei Jahren noch hätte ich nicht gedacht, welche Kraft die pure Natur hat und was in einem die echte und ehrliche Begegnung mit ihr auslösen kann. Sie höchstpersönlich hat mich daran erinnert, dass alles verbunden ist, dass ich ein Teil dieser Verbindung bin, und mir so unverhofft eine neue Perspektive geschenkt – auf die Welt, aber vor allem auch auf mich selbst. Aber zwischen der einen und der anderen Perspektive liegt eine Reise, auf der ich durch meine eigene Wandlung mehr und mehr erkannt habe: Die Natur ist unsere größte Lehrerin. In ihr finden wir Antworten für uns selbst. Und in uns selbst finden wir Antworten für sie.

Heute bin ich davon überzeugt: Wenn wir wollen, dass sich der Umgang mit der Natur ändert, und wenn wir auch selbst wieder mehr in unser Gleichgewicht finden wollen, dann können wir einen Riesenbeitrag leisten, indem wir bei uns selbst beginnen. Was wir brauchen, ist eine erdige Sicht auf die Welt und uns selbst. Eine Sicht, in der wir uns wieder als Teil der Natur begreifen, uns daran erinnern, dass uns die Erde nicht gehört, sondern dass wir zur Erde dazugehören, und dass es darum geht, gemeinsam mit anderen Lebewesen in die Zukunft zu wachsen. Eine Zukunft, in der wir Seite an Seite mit der Natur stehen, anstatt über ihr. Und eine Zukunft, in der wir auch selbst wieder in Kontakt mit unserer eigenen Natur stehen und das wertvolle Potenzial leben, das darin verborgen ist.

In diesem Buch möchte ich einen Raum für diese Perspektive öffnen. Einen Ort schaffen für all jene, die ebenso wie ich daran glauben, wonach Charles Eisenstein eines seiner Bücher benannt hat: *Die schönere Welt, die unser Herz kennt, ist möglich.*

Für mich ist diese Welt kein Zufall. Sie ist eine Entscheidung, die tief in unserem Inneren beginnt. Sie ist meine persönliche Perspektive auf die Erde. Hier teile ich, wie ich persönlich den Weg zu ihr gefunden habe, was ich von der Natur für mich selbst gelernt habe und wie sie mir dabei geholfen hat, wieder im Gleichgewicht mit ihr und mir selbst zu stehen.

Eines kann ich jetzt schon verraten: Wer mich auf dieser Reise begleitet hat und mir ganz besonders dabei geholfen hat, ist ein ganz spezieller Baum … und wie ich ihn kenne, freut er sich, wenn er auch dich begleiten darf auf deiner Reise zurück zur Verbindung mit der – eigenen – Natur.

DIE REISE ZURÜCK ZUR VERBINDUNG MIT DER – EIGENEN – NATUR

ODER AUCH: WIE FUNKTIONIERT DIESES BUCH?

REISE MIT MIR AN DEN ORT,
DER IMMER MIT DIR VERBUNDEN IST.
MACH DICH AUF. ERINNERE DICH
AN DAS, WAS DU WIRKLICH BIST.
BIST DU BEREIT? GUT!
WIE AUFREGEND, NICHT WAHR?

*»WAS WERDEN WIR
WOHL ALLES ENTDECKEN AM WEG?«,
FRAGT DIE NATUR.*

Dieses Buch teilt sich in zehn Etappen auf. Es sind Stationen einer Reise, die du durchqueren kannst. Ein Weg, der sich mit der Zeit erschließt und auf dem du entdecken darfst. Denn ich sehe die Verbindung mit der – eigenen – Natur nicht als etwas, bei dem du einfach den Schalter umlegen kannst, sondern wie die Natur selbst als etwas Lebendiges, Bewegliches und Veränderliches – als etwas, das wächst. Sie ist wie Wurzeln eines Baumes, die mit der Zeit stärker werden.

Genau deshalb sehe ich dieses Buch auch als eine Art Reise, und zwar nicht irgendeine, sondern – inspiriert durch meine Erfahrungen in der Natur Afrikas – als eine Safari.

Das Wort »Safari« bedeutet im ursprünglichen Sinne »Journey« und ist demnach ein Abenteuer, bei dem man morgens aus dem Haus geht, ohne zu wissen, was einen erwartet. Eine Safari ist ein unkalkulierbarer Weg in der Natur, bei dem man Spuren lesen muss, dem Ruf seiner eigenen Natur folgt, Herausforderungen annimmt, mutig bleibt, mit Gefahren rechnet, wachsam ist, von Augenblick zu Augenblick handelt, sich selbst gut kennt und vertraut und akzeptiert, dass es Situationen gibt, die einen an Grenzen bringen, ebenso wie solche, an denen scheinbar überhaupt nichts passiert, an denen man aber dennoch Freude empfindet, weil es genau das ist, worum es geht: lebendig zu sein!

Und keine Sorge: Niemand muss im Dschungel oder in der Wildnis wohnen. Mit Natur verbunden zu sein schließt ein modernes Leben nicht aus. Für mich ist eine Safari kein Urlaub, für den man unbedingt an das andere Ende der Welt reisen muss, sondern ganz im Gegenteil: eine ehrliche, ursprüngliche Art und Weise, sich auf der Erde zu bewegen und sich selbst zu begegnen. Und zwar nicht nur, wenn man weit weg ist von all den Dingen, die im Alltag lauern, sondern genau dort ist, jeden Tag!

Du findest hier also keinen Reisebericht und auch keine Erzählung, sondern kleine Geschichten, Gedanken, Erfahrungen, »Tools« und Inspirationen, die ich in Afrika und danach von der Natur für mich selbst entdeckt habe und die ich hier mit dir teilen kann.

Am Ende jeder Etappe findest du außerdem die Möglichkeit zur Reflexion und ein »Verbunden statt online«-Ritual, das dir in der schnellen Welt dabei helfen kann, bei dir selbst zu sein. Dabei sind Rituale kein spiritueller Hokuspokus, sondern ganz einfach eine sehr alte Methode, ein wunderbares Tool, um mit der eigenen Natur in Verbindung zu stehen. Mir helfen sie immer sehr.

Also, warum auch immer dich dieses Buch gefunden hat, was auch immer du darin finden wirst: Mein Ziel ist es, dich zu inspirieren, in die Wildnis deines eigenen Lebens einzutauchen – und zwar egal, wo in deinem Leben du gerade stehst. Dich selbst auszuwildern, dich einzulassen auf das Abenteuer des Lebens und dich zu ermutigen, an die

Kraft deiner eigenen Natur zu glauben. Denn genau diese Urkraft brauchen wir jetzt mehr denn je. Und noch etwas: Wir gehen diesen Weg nie allein, sondern haben stets jemanden an unserer Seite.

Die Baumbegleiter!

Ein altes afrikanisches Sprichwort sagt: »Wenn du schnell gehen willst, gehe allein. Wenn du weit gehen willst, gehe zusammen.« Genau deshalb werden dir in diesem Buch immer wieder Bäume begegnen – ich nenne sie *die Baumbegleiter*. Baumbegleiter sind Bäume, die ich schon sehr lange kenne, die an den unterschiedlichsten Orten der Erde stehen und die mir in guten, aber auch in schlechten Zeiten geholfen, mich inspiriert oder mir einfach einen Moment der Stille geschenkt haben. Genau das können die Baumbegleiter auch für dich tun.

Bäume sind für mich ein Ort der Ruhe und Kraft. Ein Symbol dafür, wie sehr alles auf der Erde verbunden ist. Ich sehe sie als Spiegel für mich selbst und als einen Ort zum Innehalten, um zu fragen: Wie fest stehe ich auf der Erde? Brauche ich gerade jemanden zum Anlehnen, sollte ich mich selbst wieder mit der Erde verwurzeln? Wie ausgeglichen bin ich? Respektiere ich meine Zyklen – Zyklen der Ruhe und des Blühens? Kann ich die Früchte ernten, die aus mir entstehen? Blühe ich überhaupt, oder halte ich die Kraft des Strahlens in mir zurück?

Immer wenn du in diesem Buch einen Baumbegleiter siehst, besteht die Möglichkeit, einen Moment innezuhalten und wahrzunehmen, dass dieser Baum ein reales Lebewesen auf diesem Planeten ist, der hier seinen wertvollen Platz hat. Er steht irgendwo auf dieser Erde, wo er auf mich getroffen ist, und nun bringe ich seine Energie zu dir. Wenn du möchtest, nutze die Gelegenheit, um durch ihn auch mit deiner Natur verbunden zu sein. Reflektiere über dich selbst, oder wenn du in deinem Leben gerade nicht weiter weißt, stell dir ganz einfach die Frage: »Was würde der Baum jetzt dazu sagen?« Wer weiß, vielleicht wird einer der Bäume – wie bei mir – auch deinen Blick auf dich selbst, die Natur, die Tiere und alle Lebewesen der Erde auf wundersame Weise verändern.

Aus eigener Erfahrung kann ich sagen: Bäume haben Magie. Und zwar für all jene, die bereit sind, sie zu empfangen!

Noch ein kleiner Tipp, bevor es losgeht

»NIMM EINEN STIFT.
EIN NOTIZBUCH.
HERZ UND SEELE.
UND SAMMLE DARIN,
WAS DICH FINDEN WILL.
ALL DAS IST TEIL DEINER REISE.
UND WÄCHST –
WIE BEI EINEM BAUM –
MIT DIR MIT«,

SAGT DIE NATUR.

Was können wir von einem Baum lernen?

DA STEHT ER. FEST AM BODEN. UNERSCHÜTTERLICH.
DEN STÜRMEN TROTZEND. IMMER WISSEND, WO ER HERKOMMT.
STETS BEREIT ZU BLÜHEN. NIE MÜDE, SEINE KRAFT ZU NUTZEN.
NICHT VERLEGEN, DEN SOMMER ZU GENIESSEN.
DAMIT DIE FRÜCHTE DEN HERBST VERSÜSSEN.
UM ANSCHLIESSEND IM WINTER EINE
WOHLVERDIENTE PAUSE EINZULEGEN.
ER WIRKT, ALS HÄTTE ER DAS LEBEN VERSTANDEN.

*»IST ER NICHT GENAU DAMIT DER BESTE LEHRER VON ALLEN?«,
FRAGT DIE NATUR.*

Die erste Etappe der Reise:

Der alte Baobab

Die Natur ist ein riesengroßes Gleichgewicht. Stets versucht sie, die Balance zu halten, und reguliert sich selbst. Kann sie das nicht und gerät aus dem Gleichgewicht, gibt sie Signale. Es sind Hinweise darauf, dass etwas nicht stimmt. Und genauso verhält es sich auch bei der eigenen Natur.

SCHRITT EINS: HÖR AUF DEN RUF DEINER NATUR. NIMM IHN ERNST. UND GEHE BEWUSST MIT DIR SELBST UM.

In dieser Welt sind wir sehr schnell geworden. Wir sind gut darin, rasche Antworten und kurzfristige Lösungen zu finden, aber wir haben verlernt zuzuhören. Still zu sein. Zu fühlen. Etwas nicht zu wissen. Wir haben verlernt zu fragen, was unsere eigene innere Stimme auf Probleme und Krisen zu sagen hat und mit welchen Signalen sie sich äußert. Dabei wäre genau das die richtige Spur für den eigenen Weg. Denn niemand von uns beginnt ihn damit, sein Ziel zu kennen. Jeder beginnt seinen Weg mit einem kleinen Hinweis. Einem intuitiven Gefühl, einer dubiosen Ahnung, mit etwas, das zeigt, wo man steht und was der nächste Schritt sein könnte. Und manchmal lautet dieser Schritt ganz einfach »Schlafe dich aus«, »Kaufe dieses Buch«, »Rufe diesen Menschen an«, »Frage einen Baum um Rat« oder »Achte auf deinen Körper«.

WENN DIE NATUR RUFT – EGAL WIE ANSTRENGEND IHR RUF SEIN MAG –, SAG: »HI. WELCOME. BON GIORNO. GUTEN MORGEN. CIAO. WIE GEHT'S? WAS MÖCHTEST DU MIR SAGEN?« BLICKE IHR TIEF IN DIE AUGEN. UND LAUSCHE IHREM RAT. SONST WIRD SIE ZUM STURM.

Was ich von der Natur für meine eigene Natur gelernt habe, ist: Wenn alles im Außen laut ist, wenn nichts funktioniert, wenn du den Weg nicht mehr sehen kannst, werde still. So still du kannst. Und hör in dich hinein. Nimm Kontakt zu deiner eigenen Natur auf. Akzeptiere den Status quo. Werte nicht. Lass da sein, was da sein will. Kenne die Lösung nicht. Hab keine Antworten. Lausche einfach. Folge den Hinweisen in dir selbst. Notiere, was dich finden will. Lerne, Gefühle, Probleme, Sehnsüchte genau zu artikulieren. Lerne, dir selbst in der schnellen, rastlosen Welt Aufmerksamkeit zu schenken. Nimm dich ernst. Höre auf, durch den Alltag zu hetzen. Mach kleine Pausen. Atme. Sooft du kannst. Achte bewusst auf deinen Körper, auf die Seele. Und frage dich mindestens einmal pro Tag, wie es dir geht. Und auch, wie es der Natur der Erde geht. Wenn du das machst, wird sie antworten!

MANCHMAL BRAUCHT ES EINEN UNANGENEHMEN RUF, DAMIT DU DIE SPUREN AM WEG INS EIGENE GLEICHGEWICHT WIEDER FINDEN KANNST.

Und sei darauf vorbereitet: Nicht immer wollen wir die Antworten hören, die die Natur für uns hat. Hinter dem Ruf der Natur verbergen sich Antworten, vor denen wir uns schon drücken, Wünsche, die wir nicht leben, Wahrheiten, die wir nicht aussprechen, Dinge, die wir nicht tun. Die Natur legt den Finger in die Wunde, und zwar so sehr, dass es oft schmerzt. Aber aus eigener Erfahrung kann ich sagen: Wenn es das tut, ist es meist die heißeste Spur. Die Natur ruft uns nie, weil sie es schlecht mit uns meint, sondern weil sie will, dass wir unseren Weg finden.

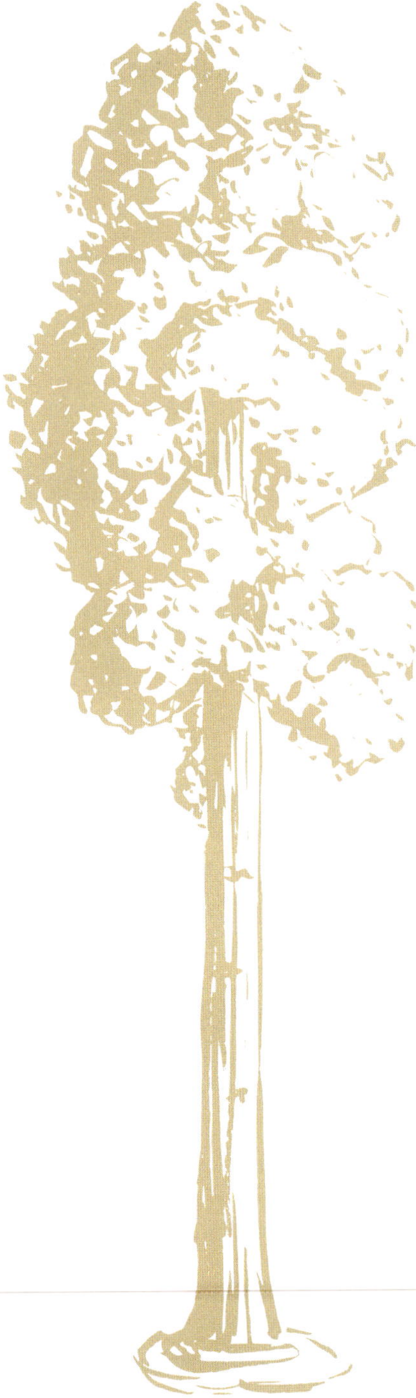

Reflexion

für die eigene Natur

WIE SPIEGELT SICH DER UMGANG MIT DER NATUR IM UMGANG MIT DIR SELBST WIDER: DIE NATUR WIRD AUSGEBEUTET – ABER WIE VIEL RESPEKT HAST DU VOR DIR? NATÜRLICHE RESSOURCEN WERDEN ÜBER DIE MASSE VERBRAUCHT – ABER WIE GEHST DU MIT DEINEN EIGENEN RESSOURCEN UM? DIE NATUR MUSS IMMER MEHR FUNKTIONIEREN – ABER WIE SEHR TREIBST DU DICH SELBSTSTÄNDIG AN? DIE NATUR HAT IMMER WENIGER RAUM ZUR ENTFALTUNG – ABER WIE VIEL PLATZ GIBST DU DIR NOCH DAFÜR?

DER ALTE BAOBAB
ODER AUCH: MEIN RUF DER NATUR

»If we don't listen to the voice of the soul, it sings a stranger tune.
If we don't go looking for what lies beneath the surface of our lives, the soul comes looking for us.«
ELIZABETH LESSER

Meine Sandalen berühren den sandigen Boden. Zwischen meinen Zehen tummeln sich Tausende mikroskopisch kleine Körner, die an der Haut reiben. Die dreckigen Füße fühlen sich herrlich an. So was von herrlich! Warme Luft weht mir um die Ohren, während ich in die endlose Weite starre. Rund um mich ist nur Wildnis. Nichts als Natur in ihrer ursprünglichen Form. Alles wirkt still und trocken. Aber das ist es nicht. Überall verbergen sich unzählige Tiere, die sich vor den heißen Temperaturen verstecken, sich ausruhen und Kraft sammeln für die nächtliche Jagd. Einzig und allein der Mensch, so scheint es, ist bei diesen Temperaturen in der Wildnis unterwegs – und das aus gutem Grund. Mein Ziel ist es, einem sonderbaren Wesen in der afrikanischen Natur zu begegnen – und damit meine ich zu dieser Zeit mit meinem müden »Stadtkörper« mich selbst.

Ich gehe ein paar Schritte über den warmen Sand, bis es nicht mehr weitergeht, hebe meinen Kopf und sehe fast senkrecht nach oben. Vor mir steht ein Baobab, ein Affenbrotbaum. Langsam gehe ich um ihn herum. Betrachte ihn und seine paar Freunde, die den afrikanischen Temperaturen trotzen und auch meinem Körper ausreichend Schatten schenken. Der Stamm eines Affenbrotbaums wird besonders dick und steht in der Landschaft wie ein Monument.

Damals in Botswana, bei meiner ersten Begegnung mit einem Baobab, wird mir auf den ersten Blick klar: Baobabs wirken unerschütterlicher, fester und kraftvoller als alle anderen Bäume, die ich kenne. Sogar Elefanten beispielsweise können den Großteil der Rinde dieses Baumes essen, und dennoch überlebt er, denn seine Aufgabe ist es, ein Fels in der Brandung zu sein. An der Grenze zwischen Mosambik, Simbabwe und Südafrika steht ein besonders altes Exemplar eines Affenbrotbaumes, das ich auf meiner zweiten Reise, rund eineinhalb Jahre später, in Südafrika kennenlernen durfte. Ranger erzählen mir dort, dass die Schätzungen für das Alter dieses Baumes auseinandergehen: Manche meinen, er sei 800 Jahre alt, andere wiederum geben ihm rund 3000 Jahre. Im ältesten Fall also gibt es diesen Baobab in Südafrika mit seiner stillen Weisheit bereits länger auf der Erde, als so manche Religion existiert, und selbst im jüngsten Fall hat er unzählige Epochen der Menschheit begleitet.

Schon in den ersten Minuten zieht mich seine Ausstrahlung in den Bann. Der alte Baobab wirkt auf mich, als könne ihn nichts umwerfen und als würde er auch die nächsten tausend Jahre noch vieles sehen, das jenseits meiner Vorstellungskraft liegt. Ich sehe ihm an, dass er eine ursprüngliche Freiheit, Lebendigkeit und Verbundenheit in sich trägt, die es heute nur noch selten in der Natur gibt. Und genau diese Freiheit und Verbundenheit war auch mir damals, vor meiner ersten Reise nach Afrika, irgendwie verloren gegangen.

Willkommen in der Rastlosigkeit der Zeit

Acht Monate bevor ich auf den alten Baobab traf, fuhr ich mit dem Rad zum Sport. Es war 19 Uhr, und endlich schaffte ich es, mich von meinem Job loszureißen, um ein wenig hinauszukommen. Jeden zweiten Tag begab ich mich in eine Sporthalle, die mir dabei half, meinen Kopf nach einem 16-Stunden-Arbeitstag frei zu bekommen.

Der Wind, die Sonne, der Regen, die Bäume, das Gras, die frische Luft waren damals nur seltene Begleiter in meinem Leben. Stattdessen war der Leistungssport meine Freizeit. Unter ihm verstand ich Erholung und einen notwendigen Schritt, um abzuschalten – meist mit Kopfhörern und lauter Musik.

Zu dieser Zeit war ich erfolgreich. Das bedeutete: Ich verdiente ausreichend Geld, hatte ein gutes Leben, konnte mir alles Mögliche leisten, Urlaube machen, von denen ich immer geträumt hatte, und mir war klar, dass dieses Dasein ein nicht selbstverständliches Privileg war, für das ich hart arbeiten musste. In mir zeigte sich, was in unserer Zeit an Wachstum möglich ist, und so war auch mein Leben irgendwann das perfekte Bild einer jungen Frau in der heutigen Zeit. Ein Musterbeispiel einer leistungsorientierten Generation, der alle Möglichkeiten offenstehen. Die Sache hatte nur leider einen Haken: Wie so viele war auch ich rastlos und irgendwie nie richtig zufrieden damit. Etwas fehlte immer. Was oder warum? Damals mein ewiges Rätsel. Und irgendwie auch ein Rätsel dieser Zeit … nicht wahr?

Zu Beginn dachte ich immer, das Gefühl der Rastlosigkeit läge darin begründet, dass ich vielleicht nicht fähig war zu schätzen, was ich hatte. Ich redete mir ein, dass ich mich nicht beklagen und so anstellen sollte, und so ignorierte ich das Gefühl in mir, das den Sinn in der schnellen Welt irgendwie nicht mehr so ganz erkennen konnte und das sich nach einem einfacheren Dasein sehnte.

Ich nahm es ganz einfach nicht ernst. Ebenso wenig wie die Zeichen, die sich nach und nach in mein Leben schlichen: die eigenartige Laune, die Angespanntheit, die niedrige Energie, die anhaltende Müdigkeit, die mittelmäßige Freude, die versickernde Kreativität, die Anspannung in meinem Körper, weil die Masse der Reize und Informationen nach einem Tag regelmäßig in mir zu explodieren drohte … Ich funktionierte einfach immer weiter, wollte mithalten, alles schaffen, was andere und ich selbst von mir erwarteten, und überspielte, dass sich meine Vorstellung von einem guten Leben allmählich in ein Monster verwandelte, das mich durch den Alltag jagte.

Und vielleicht kennst du es auch von dir selbst, dieses unterschwellige Gefühl der Rastlosigkeit der heutigen Zeit? Fühlst dich eben daran erinnert, dass möglicherweise nicht mehr allzu viel übrig ist von dem, was du einstmals warst: ein neugieriges Kind der Leichtigkeit, das Freude hatte, die Welt zu entdecken? Das hinausgehen wollte in den Wind, in den Regen und ins Wasser. Das Lust hatte zu sein, wie es ist. Und nicht, wie es sollte.

Aufgewachsen bin ich noch ohne Smartphone, ohne E-Mail oder SMS. Um Kontakt mit meinen Freunden zu haben, musste ich einen Treffpunkt vereinbaren und dann auch wirklich vor Ort sein – am liebsten immer schon im Freien. Rein ins Abenteuer – schon als Kind liebte ich dieses Entdecken in der Natur. Die kalte oder warme Luft im Freien. Den ganz ursprünglichen Kontakt mit allem, was es darin zu finden gab. Draußen zu sein, dreckig zu sein war das Schönste für mich. Noch heute erzählt mir meine Oma, dass ich ständig auf Felsen kletterte, als sei es für mich die natürlichste Sache der Welt. So schnell konnte sie meinen kleinen Schritten gar nicht folgen, wie ich bereits in luftiger Höhe war. Ich besaß Neugierde, aber keine Furcht. Alles, was ich wissen wollte, war, wie hoch ich kommen konnte. Meine Schritte setzte ich dabei intuitiv und war dabei mit meinen Sinnen verbunden. Verbunden mit meiner Natur.

Von klein an begleitete mich der Wunsch, irgendwo draußen mein kleines Lager aufzuschlagen und mit dem, was ich in der Natur finden konnte, etwas zu erschaffen. Einen Weg zu finden, selbst wenn es noch keinen gab. Letztendlich ist es genau das, was ich bin, und was wir alle heute zu einem Teil sind: Übergangskinder einer Generation, die neue Wege gegangen ist. Einer Generation des Wandels, die in den letzten 50 Jahren ein unglaubliches Wachstum an den Tag gelegt hat. Und das noch dazu ziemlich rasant: Ich persönlich weiß, wie es ist, keine Bildschirme zu haben. Und ich weiß auch, wie es ist, auf drei zeitgleich zu starren. Ich weiß, wie sich Langeweile anfühlt, aber ich weiß auch, was für ein Gefühl es ist, nicht mehr zu wissen, womit was man als Erstes beginnen soll.

Wir gehören eben nicht nur zu einer Generation der Möglichkeiten, sondern auch zu einer Generation, die immer mehr dafür leisten muss: höher, schneller, weiter, willst du dabei sein, musst du mithalten. Und diese ständige Leistung geht weder an der Natur noch an uns selbst spurlos vorbei – genau das durfte auch ich an meiner eigenen Natur spüren.

Damals nämlich sollte sich das Blatt für mich wenden, denn das eigenartige Gefühl der Rastlosigkeit in mir, das ich ignoriert und übergangen hatte, und das immerwährende Leisten explodierten eines Tages einfach so in Form einer Allergie – bestehend aus roten Punkten – mitten in meinem Gesicht. Und diese zeigten mir von da an jeden Morgen sehr auffällig im Spiegel, dass etwas nicht stimmte, nur dass ich nach wie vor nicht wusste, was das war. Denn nicht einmal in diesem Moment erkannte ich den »Ruf meiner Natur«, so wie ich es heute nenne, und das, was er mir bereits über sehr lange Zeit innerlich zu sagen versuchte. Alles, was ich wollte, war eine schnelle Lösung, damit ich so weitermachen konnte wie bisher. So war ich es gewohnt. So ist es üblich in dieser Welt – egal ob beim Klima, dem Artensterben … oder uns selbst.

Der Ruf des alten Baobabs

In dieser Zeit, als die rätselhaften Punkte nicht mehr aus meinem Gesicht verschwinden wollten und die Müdigkeit nicht mehr aus meinem Körper und als ich absolut keine Ahnung hatte, was oder welcher meiner unzähligen Ärzte mir noch helfen hätte können, passierte etwas Sonderbares. Auf meinem Social-Media-Kanal tauchte ein kleiner Film über Afrika auf. Und einige Tage später fiel mir ein Buch darüber in die Hände, dessen Faszination mich nicht mehr losließ.

Sofort erinnerte ich mich an die Weltreisen meines Großvaters. Einmal im Jahr nahm er sich sechs Wochen frei, um einen neuen Teil der Erde zu erkunden und fremde Kulturen kennenzulernen. Er lebte teilweise bei indigene Völkern wie etwa in Peru oder Papua-Neuguinea und erkundete deren Lebensweise. Als er heimkam, gab es immer eine aufwendige Diashow über seine Entdeckungen, die für mich ein Highlight meiner Kindheit waren. Schon früh war mir klar: Wenn ich groß bin, werde ich das auch machen! Dann möchte ich selbst sehen, wie vielfältig und außergewöhnlich die Orte unserer Erde sind. Ich werde draußen sein in der Natur und spannende Geschichten erleben, Menschen, Tiere und Kulturen kennenlernen.

Und mit einem Mal war da wieder diese Stimme in mir, die mich bat, dem guten Gefühl und der Faszination zu folgen, die mich von klein an intuitiv in diese Richtung zog. Und so kam es, dass ich mich einige Monate später in der wilden ursprünglichen Natur dieses zauberhaften Kontinents wiederfand, auf dem ich nicht nur die Baobabs entdeckte, sondern der mich schlagartig in eine andere Welt katapultierte. Er stellte meine Sicht der Dinge auf den Kopf und gab mir ein Rätsel auf: Nicht nur, dass die unglaubliche Wildnis, von der ich umgeben war, meine Lebensgeister wiedererweckte, auch meine körperlichen Probleme, meine Allergien, meine Müdigkeit verringerten sich auf einmal deutlich und waren nach einiger Zeit in der ursprünglichen Natur fast wie von Zauberhand verschwunden.

»Wie konnte das nur sein? Und war es Zufall oder Bestimmung, dort zu landen?«, fragte ich mich in Afrika. Möglicherweise fragst du dich es jetzt ebenso?

Vielleicht erschließt sich dieses Rätsel noch im Laufe unseres gemeinsamen Weges … Was ich damals jedenfalls noch nicht ahnte, war, dass diese eine äußere Reise in die Landschaft Afrikas erst der Beginn einer noch viel größeren inneren Reise sein würde, an deren Anfang für mich eine Frage stand, die ich an dieser Stelle auch mit dir teilen kann. Sie lautet: »Was fehlt uns, was der Baobab hat, damit er so frei und gesund aus sich herauswachsen kann? Was können wir in der heutigen Zeit alles von ihm lernen?«

Ein Baum als Ratgeber?

Vielleicht mag es auf den ersten Blick nun etwas seltsam klingen, einen Baum als Mentor zu haben, von ihm und der Natur an sich für das eigene Leben zu lernen und Orientierung für sich selbst in ihm zu finden. Doch das wirkt nur für uns heute so. Denn die längste Zeit der Menschheitsgeschichte war eben genau das ganz üblich, und nicht das, was wir heute als »normal« empfinden. Seit Anbeginn der Zeit waren Menschen mit der Natur verbunden, ließen sich von ihr durchs Leben leiten, schöpften Kraft aus ihr, gewannen aus ihr Intuition und Führung für den eigenen Weg. Sie nutzten ihren Rhythmus, ihre Zyklen, ihre Energie und ihr natürliches Gleichgewicht zur Orientierung und Entwicklung im eigenen Leben. Sie ließen sich von den Stimmen der Natur leiten. Lauschten ihren Anweisungen. Holten sich Rat oder vielleicht auch manchmal einfach nur ein gutes Gespräch mit einer alten Baumseele, die schon viel gesehen hat … verstehen wir die Natur wieder besser, werden wir uns auch selbst wieder bewusster. Davon bin ich nicht nur überzeugt – ich weiß es aus tiefsten Herzen und aus meiner eigenen Erfahrung. Um Antworten zu bekommen, ist manchmal alles, was wir tun müssen, die Perspektive zu wechseln.

Und könnte der alte Baobab sprechen, würde er vielleicht sagen: »Wann immer mich ein Mensch besucht, sehe ich seine staunenden Augen. Ich sehe das Leuchten in ihm und die Begeisterung, hier zu sein, so wie bei dir. Sie kommen her, berühren mich und nehmen Kontakt auf. Ich habe keine Antwort auf das, was dieser Generation fehlt. Aber eigentlich ist es an der Begegnung mit mir doch offensichtlich, oder?«

»DIE WELT WAR NOCH NIE SO LAUT UND SCHNELL WIE HEUTE.
ES IST LEICHT, SICH DARIN ZU VERLIEREN. WENN DAS PASSIERT, WERDE STILL. LAUSCHE IN DICH HINEIN. HÖR ZU. HINTER ALLDEM LÄRM WOHNT ETWAS LEISES. ETWAS, DAS ZU DIR SPRICHT. EINE STIMME, DIE DEN WEG KENNT. VERTRAUE IHR. NIE HAT ES MICH ENTTÄUSCHT. ALL DIE 800 JAHRE NICHT«,

SAGT DER ALTE BAOBAB.

Das Verbunden-statt-online-Ritual

Bewusste Wahrnehmung

WENN WIR GENAU HINSEHEN, ERKENNEN WIR,
DASS DIE NATUR IMMER SPRICHT.
ZEIGT IM ÄUSSEREN, WAS IM INNEREN IST.
IST WIE EIN SPIEGEL. REFLEKTIERT.
GIBT HINWEISE. SCHICKT KRISEN.
SENDET ANTWORTEN. HILFT AM WEG.
SAGT LAUT STOPP. ODER FLÜSTERT LEISE: GEH!
UND WILL MIT ALLEM VIELLEICHT EINFACH NUR SAGEN:
ICH BIN IMMER DA. STETS AN DEINER SEITE,
UM DIR ZU HELFEN.

*UM ANTWORTEN ZU BEKOMMEN,
MÜSSEN WIR MANCHMAL EINFACH
AUFHÖREN ZU SUCHEN
UND STATTDESSEN STEHEN BLEIBEN UND
ZUHÖREN, WAS UNS
DER RUF DER – EIGENEN – NATUR ZU SAGEN HAT.*

WERDE STILL UND LAUSCHE DER NATUR

Lege dich hin oder setze dich auf den Boden. Beginne zu spüren, dass du einen Körper hast. Richte deine Aufmerksamkeit erst auf das Ganze und dann auf jeden einzelnen Teil. Hast du schon einmal bewusst deine kleine Zehe gefühlt? Oder deinem Atem gelauscht? Versuche alles in dir zu beobachten. Werte es nicht. Werde nur zu jemandem, der zusieht.

JE LAUTER DIESE WELT IST,
DESTO MEHR VERLIEREN WIR DEN KONTAKT
ZU UNS SELBST; HÖREN AUF,
UNS ZU SPÜREN.

Beobachte deinen Atem:

Ist er schnell oder langsam? Verbindet er in einem tiefen Rhythmus Hirn und Herz, oder ist er kurz und hastig? Ihm zuzuhören, das machen wir so gut wie nie. Dabei ist unser Atem die einfachste Übung, um festzustellen, wie es uns gerade geht, denn der Atem ist oft so flach wie der Freiraum um uns.

Beobachte deine Energie:

Fühlt sie sich aufgeladen oder ausgelaugt an? Wie geht es ihr am Ende deines Tages?

Beobachte deinen Körper:

Geht es ihm gut, oder hat sich etwas festgesetzt, was als »Problem« zu dir spricht? Gibt es Spannung in ihm? Hat er Druck, den du fühlst? Wo sitzt er?

Beobachte das Gefühl in dir:

Wonach sehnst du dich? Was ruft dich? Es muss nicht groß sein. Manchmal ist es einfach nur, wieder ein paar Minuten für sich zu haben. Gib sie dir.

EIN ANDERER BLICK
SCHENKT DIR EINE NEUE PERSPEKTIVE.

Wie viel Wildnis verbirgt sich in uns selbst?

WILD UND FREI IST ES HIER.
VOLLER LEBEN. ÜBERALL NEUES.
SO VIEL ZU ENTDECKEN. SO VIEL ZU SEHEN.
LOS, GEH HINAUS! SEI NEUGIERIG. SPIELE.
LASS DICH TREIBEN. SPÜRE. SEI DU.
SEI DEINE SINNE.
SEI DAS, WAS DU FÜHLST: DEIN KÖRPER.
DEINE SEELE. DEIN HERZ.
SPÜRE DEN WILDEN ORT IN DIR. LASS IHN FREI.
DENN SO IST ER GEDACHT.

*»WAS FÜR EIN VERLUST WÄRE ES,
IHN NICHT ZU ERLEBEN?«,
FRAGT DIE NATUR.*

Die zweite Etappe der Reise:

Die Entdeckung der Wildnis

Die Natur braucht starke Wurzeln, um zu wachsen. Ein Fundament, das sie trägt und von dem aus sie ihren Weg gehen kann. Wenn sie das hat, kann sie wild und frei wachsen. Ihr volles Potenzial entfalten. Alle Möglichkeiten kreativ nutzen. Und genau gleich ist es mit unserer eigenen Natur.

SCHRITT ZWEI: FOLGE DER FREUDE.
DEM LAGERFEUER IN DIR.
ERWECKE DEIN POTENZIAL.
UND FINDE DEINE WURZELN!

Die heutige Welt ist wahnsinnig rational geworden. Alles in ihr muss logisch oder messbar sein. Und so reduzieren wir uns auch selbst darauf. Denken, unsere Talente und Fähigkeiten seien von Natur aus vielleicht nichts wert. Aber das stimmt nicht, denn sie sind das wahre Potenzial, die unsichtbaren Wurzeln in unserer eigenen Natur. Etwas, das uns durch das Leben tragen kann. Immer in uns. Immer da. Immer bereit, uns Halt zu geben. Ein Nordstern am Weg durch die Wildnis des Lebens. Und wenn wir uns verloren fühlen, liegt es oft daran, dass wir den Kontakt dazu verloren haben. Zu unserem ganz persönlichen, intuitiven und irrationalen und unmessbaren Grund als Seele hier auf der Erde zu sein. Und dieser Grund ist sehr, sehr viel mehr, als sich zu Geld machen lässt.

MANCHMAL WISSEN WIR NICHT,
WARUM WIR HIER SIND,
BIS WIR AN EINEN ORT KOMMEN, DER SO ROH,
PUR, WILD UND FREI IST, DASS WIR UNS AUCH
WIEDER AN UNS SELBST ERINNERN.

Was ich von der Natur für meine eigene Natur gelernt habe, ist: Wenn du dich an dich selbst erinnern willst, schau in die Wildnis, hinein in die rohe, unberührte Natur. Betrachte sie als Spiegel für das eigene Potenzial. Lass dich von ihr an dich selbst erinnern. An das intuitive Sein. An das Können, aber nicht Müssen. Höre auf, alles zu zerdenken, und beginne zu fühlen. Frage nicht, wie etwas möglich ist. Glaub stattdessen an die unbegrenzte Fülle in dir. Sei wie die Wildnis. Trau dich, frei zu sein. Nur du selbst. Lass dich von der guten Energie leiten. Folge der Freude – dem Licht in dir selbst. Dem, was dich begeistert und was dir von ganzem Herzen wichtig ist. Was immer schon da war. Nie weg, sondern nur vielleicht vergraben. Suche es nicht, lass es dich finden, indem du ihm Raum gibst und dich ihm öffnest. Und wenn du es hast, halte es fest. Verwirf es nicht. Hüte es für dich. Wie Gold. Wie Diamanten. Wie Sternenstaub. Wie ein Lagerfeuer in dir selbst. Gib ihm einen Platz in deinem Leben und lass dich von ihm erwärmen. Lass es die Wurzel deiner Natur sein. Egal wie verrückt, groß oder klein es ist. Und mach mindestens einmal pro Tag etwas, was dich erfüllt, denn wenn das passiert, findet deine Seele ihren Platz, und die Wildnis in dir beginnt, Raum um sich zu entfalten.

WENN DEINE SEELE KEINEN RAUM ZUM ATMEN HAT, SUCHT SIE SICH EIN VENTIL. KÖNNTE DAS BEI DER SEELE DER ERDE AUCH SO SEIN?

Und sei darauf vorbereitet: Dein Potenzial ist nicht immer in den riesigen Eingebungen. Meist ist es einfach. Es findet sich in den Büchern, die du liest, den Serien, die du dir ansiehst, den Dingen, die dein Herz erreichen …

DIE WILDNIS IST EIN ORT SO VOLLER POTENZIAL, DASS SIE DARAN ERINNERT, DASS ES DIESEN ORT AUCH IN DIR SELBST GIBT.

Reflexion

für die eigene Natur

KANNST DU DAS KNISTERN DEINER SEELE IN DER DUNKELHEIT HÖREN?
SPÜRST DU DEN WILDEN ORT IN DIR?
WELCHES POTENZIAL WILL SICH DARAUS ENTFALTEN?

DIE ENTDECKUNG DER WILDNIS
ODER AUCH: DIE WURZELN DER NATUR

»Jede Reise hat einen geheimen Bestimmungsort, von dem der Reisende nichts weiß.«
MARTIN BUBER

»One day, one day, I'll fly away«, sagt der Schmetterling und entpuppt sich als ich selbst auf dem Weg nach Afrika. Während ich in einem kleinen Buschflugzeug sitze, schaue ich nach unten. Bereits seit einer Stunde schweben wir über der unberührten Natur Afrikas, und unter mir ist nichts als endlose, teils grüne, teils vertrocknete Büsche. Dazwischen kleine Wege, Flüsse oder Sand. Ein ganz besonderes Gefühl macht sich breit.

Während ich hinunterschaue, tut sich für mich zum ersten Mal ein neuer Blick auf unsere Erde auf: Wie riesig sie ist. Wie vielfältig ihre Natur. Was es darin alles zu entdecken gibt. Und wie wenig ich doch darüber weiß …

Nachdem ich in Maun, Botswana, gelandet bin, geht es sofort los in den Busch. Jetzt ist es vorbei mit fließend Wasser, Strom und Handyempfang. Und das erstmals seit Jahren. Es ist ein ungewohntes, aber seltsam befreiendes Gefühl. Und dieses Gefühl ist erst der Anfang.

Nur wenige Hundert Meter nach der Stadtgrenze läuft auf einmal wie aus dem Nichts ein Elefant aus dem Gebüsch. Er stoppt. Blickt uns an. Hebt seinen Rüssel in unsere Richtung. Niemand in der Gruppe kann seinen Augen trauen. Nie hätte ich gedacht, dass Menschen und frei lebende Tiere noch so nah beieinander sein können. Und was für ein unglaubliches Gefühl es ist, das zu erleben. Aber so ist es, denn die ganze Fahrt über in unser Camp tauchen an allen Ecken und Enden Tiere auf, die ich sonst nur aus Zoos kenne, oder aus Filmen wie »Der König der Löwen«. »Zazu«, der Vogel, der in dem Film vorkommt, begrüßt uns bei der Einfahrt in den Nationalpark. Sitzt einfach so da, am Straßenrand, und öffnet mir die Augen dafür, dass all die Wunder, die wir oft in Filmen sehen, in Wirklichkeit direkt vor unserer Nase sind. Da draußen, in der Natur unserer Erde.

Vom ersten Moment an lässt mich die Wildnis Afrikas spüren, auf was für einem einzigartigen Planeten wir eigentlich leben. Nirgendwo sonst im Universum – zumindest ist es mir aktuell nicht bekannt – gibt es für uns die Möglichkeit, das Leben so zu erfahren wie auf der Erde. Und Afrika ist ein ganz besonderer Teil davon.

Willkommen auf dem Urkontinent, den Wurzeln der Menschheit

Die erste Nacht verbringen wir am Lagerfeuer. Sand befindet sich unter meinen Füßen, die Sterne über mir leuchten heller als alle Sterne, die ich je gesehen habe. Vor mir knistert die Glut, und ich kann das Rauschen der Blätter in der Dunkelheit hören.

Hinter mir wird gekocht, und vor mir liegt die pure Wildnis. Nichts als unberührte Natur, so weit mein Auge reicht. Voll von Leben, das ich nicht sehen, aber mit all meinen erwachten Sinnen spüren kann.

Ich fühle, wie mich das Feuer wärmt, während sich langsam mehr und mehr die kühle Nacht ausbreitet. Tiere erwachen zum Leben und ziehen los in die Dunkelheit. Während sie die tiefen Temperaturen der Nacht brauchen, um zu jagen, ziehen wir Menschen uns dorthin zurück, wo es warm und sicher ist.

Dort draußen hat alles seinen Platz. Alles ist zur richtigen Zeit am richtigen Ort. Alles ist mit allem eins. Und ich bin ein Teil davon. Daran werde ich bereits in der ersten Nacht erinnert. Nicht nur das Knistern des Feuers, sondern auch die mysteriösen Geräusche der Dunkelheit wecken etwas in mir auf, das lang vergessen schien. Nach langer Zeit fühle ich mich erstmals wieder lebendig und bei mir selbst.

Es gibt keinen Zaun für die Tiere, und so gibt es auf einmal auch den unsichtbaren Zaun, der mich unfrei sein lässt, in mir nicht mehr. Es gibt nichts zu tun. Kein Telefon, das klingelt, kein Müssen, kein Machen. In der Wildnis zählt nicht das Haben, sondern nur das Sein. Mit sich selbst, den Tieren, der Dunkelheit …

Dort draußen im knisternden Herzen von Afrika gibt es nur mich als Mensch und meine Sinne. Alles ist roh und wild. Und dieses pure Leben steckt nicht nur meine Seele, sondern auch meinen Körper an.

Auch er entspannt sich, funktioniert plötzlich automatisch und führt einen inneren Freudentanz auf. Die Rastlosigkeit verpufft im Glitzern der Sterne, und in mir bleibt nur noch ein einziges Gefühl: Wow. Auch das ist das Leben. Auch so kann es sein.

Tausende Kilometer entfernt von zu Hause fühlt es sich für mich sonderbarerweise an wie Heimkommen. Und das ist kein Zufall. Afrika gilt als der Urkontinent. Der Ort, an dem das Leben der Menschheit begonnen hat. Und das Leben in uns hat das nie vergessen. In der Wildnis befinden sich unsere Wurzeln. Das, was wir von Natur aus wirklich sind.

»Willkommen zu Hause«, hat der Elefant wohl gesagt. »Willkommen am wilden und freien Ort der Erde. Willkommen in meiner Welt, ich wünsche dir eine gute Zeit, denn die wirst du haben. Lass dich überraschen von allem, was dich finden will. Vielleicht bist du es am Ende ja nur selbst?«

Schaut man in die Natur, erkennt man sich selbst

Lange Zeit dachte ich, die Natur liegt außerhalb von mir. Unter Natur verstand ich Tiere, Pflanzen oder Umwelt. Denn das ist unsere gelernte, moderne Vorstellung davon, aber die Wildnis lehrte mich innerhalb kürzester Zeit eines Besseren, denn schaut man sie an, erkennt man niemand Geringeren als sich selbst darin.

Wir sind nicht in der Natur, wir sind selbst die Tiere – die Vögel, Elefanten, Gnus, Impalas … wir spiegeln uns in den wilden und freien Geschöpfen der Erde wider. Sie reflektieren unsere eigene Natur. Unser instinkthaftes Verhalten. Unsere Reflexe. Alles, was wir oft tun, ohne es bewusst zu wissen. Und einer dieser tierischen Spiegel, der mich in der Wildnis Afrikas ganz besonders begeistert hat, wird *Suicide Bird* genannt. Ich darf verraten: Sein Name ist Programm!

Ein *Suicide Bird* nimmt am Boden Anlauf, fliegt anschließend rund zehn bis fünfzehn Meter senkrecht nach oben, klappt dort seine Flügel ein und lässt sich wie ein Stein zu Boden fallen. Adrenalin und Erdanziehung sind seine Antriebskräfte.

Nur knapp vor dem Aufprall breitet er seine Flügel wieder aus und landet – wie durch ein wildes Wunder der Natur – sanft auf der Erde.

Und wozu das Ganze? Natürlich für die Mädels. Denn jener *Suicide Bird*, der seine Flügel am spätesten ausklappt, ist am beliebtesten bei den Weibchen. Der größte Held der Wildnis. Der beste Kerl, den die Natur zu bieten hat. Es ist ein komplett verrücktes Schauspiel. Und es erklärt ja so vieles.

Nicht dass wir einige Meter in die Höhe springen und uns dann wieder auf die Erde plumpsen lassen sollen, aber beobachtet man das aufwendige Verhalten der männlichen Vögel beim Umgarnen der Weibchen, so erklärt sich durch sie auch das Verhalten dazu in der eigenen menschlichen Natur. Auch wir Menschen betreiben meist einen irrsinnigen Aufwand, um den passenden Partner zu finden. Manchmal wünschen wir uns, es wäre leichter, aber der *Suicide Bird* zeigt uns, wie das Spiel funktioniert.

In der Wildnis wird mir das erste Mal so richtig klar: Der *Suicide Bird* lebt nicht nur in Afrika, er lebt auch in uns. Egal wie modern wir sind, egal welche Vorstellung wir von der Natur und uns selbst geschaffen haben, die Natur ist nicht außerhalb von uns, die Natur, das sind wir selbst.

Wir berühren die Natur nicht. Die Natur berührt uns

Eine weitere Erkenntnis, die sich mir erschließt, lautet: Die Natur ist unfassbar persönlich. Sie fährt uns mit dem Wind durch das Haar, streift uns mit dem Gras über die Beine, aktiviert unsere Fußsohlen, fließt in unsere Lunge haucht uns Leben ein und berührt unseren Körper mit jeder Faser ihres Seins.

Jeder einzelne Grashalm hat die Macht, etwas in uns auszulösen, denn wir berühren die Natur nicht, die Natur berührt uns. In ihr erwachen unsere Sinne zum Leben. Wenn wir draußen sind, verbindet sich unsere Natur mit der Natur. Wir hören aufauf zu denken und beginnen zu fühlen. Was in uns ist und um uns herum. Wir fließen mit dem Leben und sind so im Hier und Jetzt. Und wenn das passiert, fühlen wir uns lebendig. Ganz einfach, weil wir unseren Körper so nutzen, wie er von Natur aus gedacht ist.

Unsere Sinne – Riechen, Tasten, Hören, Schmecken und Sehen – sind die Art und Weise, wie wir die Welt von Natur aus wahrnehmen. Es fühlt sich einfach gut an, in ein Feuer zu schauen, barfuß auf der Erde zu gehen, den Wind in den Haaren zu spüren oder das Wasser auf der Haut. Und vergleiche ich heute die sinnhafte Wahrnehmung meines eigenen Körpers seit der ersten Nacht in der freien Natur Afrikas – all die Geräusche, Gerüche, Instinkte in mir – mit der von zu Hause in der »modernen, zivilisierten« Welt und wie wenig wir unsere Sinne in ihr aktiv nutzen, wenn wir den Großteil unseres Tages auf Bildschirme starren, durch all die Reize nie zur Ruhe kommen, ständig abgelenkt sind – so gut wie nie im Hier und Jetzt – oder die meiste Zeit sitzen, ergibt sich rückblickend ein klares Bild einiger meiner Probleme. Und vielleicht erkennst auch du einen ersten Puzzlestein mit einer Ahnung davon, woher meine körperlichen Beschwerden hätten kommen können? Warum sich alles so eng und unfrei anfühlte? Und vielleicht auch generell, warum unsere Generation so rastlos ist? Warum unsere eigene Natur so mit dem Stress der Zeit kämpft?

Vielleicht sind wir ja alle in Wahrheit gar nicht auf der Suche nach mehr Wachstum, Leistung, Haben und Erfolg, sondern ganz einfach nach Feuer, Wasser, Erde und Luft. Auf der Suche danach, all das wieder in uns zu spüren? Uns selbst zu fühlen, auf der Erde? Mit ihrer Natur in Berührung zu kommen, und dadurch auch mit unserer eigenen?

Und apropos fühlen: Wenn wir von Natur sprechen, sprechen wir gerne von dem sichtbaren Teil. Von dem, was beweisbar ist und rational. Für alles Sichtbare benutzen wir Studien und Modelle, die unser Verstand begreifen kann. Und das Gleiche gilt für Tiere, Pflanzen, Bäume – wie auch für uns selbst und unseren Körper. Wir wollen beweisbares Wissen schaffen mit der »Wissenschaft«, und das ist wunderbar. Ich zweifle nicht daran, aber es reicht mir auch nicht. Was ich nämlich bereits ab der ersten Nacht am Lagerfeuer festgestellt habe: Die Natur ist noch sehr viel mehr, als durch den Verstand und über eine reine Funktion erklärbar wäre. In Shakespeares *Hamlet* steht: »Es gibt mehr Ding' im Himmel und auf Erden, als Eure Schulweisheit sich träumt.« Und manchmal habe ich das Gefühl, als hätte mir Mutter Natur damals persönlich das Buch über Afrika geschickt und mich zu sich gerufen.

Die Seele der Erde

Wenn die Sonne über Afrikas Wildnis aufgeht, die Löwen von der Jagd zurückkommen, der Morgentau sich langsam verzieht und die Vögel in ihren lauten Chören zu singen beginnen, dann gibt es eine spezielle Energie: Alles atmet miteinander, fließt zusammen, weckt sich morgen gegenseitig auf und lässt sich abends wieder einschlafen. Ist nicht nur im Äußeren wunderschön und wild, sondern auch im Inneren so kraftvoll, dass man das Licht förmlich sehen kann. Und dann gibt es nicht nur in der Nacht am Lagerfeuer, sondern auch am Tag keine Zweifel mehr: Die Erde hat eine gewaltige, kraftvolle und wunderschöne Seele. Nicht nur die Natur, sondern auch ihre Energie ist so mächtig, dass man sich nicht mehr gegen diese intuitive Gewissheit wehren kann. Sie ist ein Licht aus Verbindung, das einem entgegenleuchtet und auch einen selbst zum Strahlen bringt.

Auch der bekannte Wissenschaftler James Lovelock spricht in seinen Büchern von einer lebendigen Erde. Von einem Organismus, der eine eigene Natur hat, mit guten und schlechten Zeiten. Für ihn ist die Erde nicht nur eine Steinkugel im All, sondern ein lebendiges Wesen, das sich verändert und entsprechend mit Respekt und Feingefühl behandelt werden muss. Bei den indigene Völkern wie beispielsweise den amerikanischen Ureinwohnern oder bei den Schamanen war das ähnlich. Sie glaubten daran, dass in der Natur nicht nur alles sichtbar, sondern auch unsichtbar miteinander verbunden ist. Dass es ein unsichtbares Feld gibt – einen zweiten Kreislauf des Lebens –, der alles auf der Erde zusammenhält. Es ist die Weltenseele, wie sie auch genannt wird. Man könnte sie auch als unsichtbare Wurzeln einer lebendigen Natur bezeichnen.

Die indigenen Völker lebten – und tun das noch heute – nach dem Bewusstsein, dass alles – Tiere, Pflanzen, Berge und auch die Erde selbst – beseelt ist, dass ihnen die Erde nicht gehört, sondern dass sie selbst zur Erde gehören, und dass, wenn etwas von der Erde genommen wurde, auch etwas dafür zurückgegeben werden musste. Ein materieller, aber auch immaterieller Austausch auf Seelenebene fand statt. Der bekannte Schamane Alberto Villoldo schreibt dazu, dass, wenn die Lakota (amerikanische Ureinwohner) auf Büffeljagd gingen, eine spezielle spirituelle Vorbereitung durchgeführt wurde. Bevor die Jagd begann, wurde Kontakt mit der Tierseele aufgenommen, und sie wurde geehrt. Erklärte sich der Büffel bereit, so war das Töten ein heiliger Akt. Dazu gehörte auch, dass alles von dem Tier verarbeitet wurde. In unserer Welt würde man sagen: Man hatte Achtung vor dem Tier und ein Bewusstsein dafür, welchen materiellen und auch immateriellen Wert es besaß, und man behandelte es entsprechend.

Egal ob man nach Afrika zu den Buschmännern oder nach Europa zu den Kelten und den sogenannten »Hexen« blickt – die längste Zeit unserer Existenz war alles geprägt von einem intuitiven Weltbild. Im Gegensatz zu unserem heutigen Verständnis von der Natur, von der Erde und auch von uns selbst richtete sich das Wissen der indigenen Urvölker nicht nach einer wissenschaftlichen Erklärung, sondern nach der äußeren und inneren Verbindung mit der Natur und ihrer Schöpferkraft, der Seele, die ihnen zufolge allen Lebewesen und so auch der Erde innewohnt. Sie wussten bereits, was die Wissenschaft großteils später herausfand: Alle Lebewesen in einem bestimmten Gebiet stehen miteinander in einer Beziehung. Sie bilden ein Ökosystem, eine Lebensgemeinschaft, die verbunden ist. Alles ist eine Seele in Schwingung. Und diese Seele, das weiß ich für mich, kann man an den wilden Orten der Erde noch besonders gut fühlen. Dort tanzt sie frei und nimmt einen jeden mit in ihr unsichtbares Revier. Erinnert daran, dass auch in uns selbst sehr viel mehr wohnt, als wir vermutlich je beweisen können und wollen …

Little Lesson

FROM NATURE

SCHAU NICHT MIT DEN AUGEN.
SCHAU MIT DER SEELE.
DANN WIRST DU SIE AUCH IN ALLEM ANDEREN ERKENNEN.

Die Seele bildet unsichtbare Wurzeln

Wenn wir an einen Baum denken, dann sehen wir auf den ersten Blick einen Baumstamm und eine Baumkrone, die aus Blättern, Ästen und Früchten besteht, aber unter der Erde im Verbogenen liegen seine Wurzeln. Sie sind das, was ihn eigentlich trägt und lebendig hält. Ohne sie könnte er nicht stehen. Ohne sie könnte er nicht gesund aus sich herauswachsen. Ohne sie könnte er seinen Weg in der Welt nicht finden. Und wenn wir uns fragen, wie der alte Baobab so gesund, frei und im Gleichgewicht wachsen konnte, dann ist die Antwort: Weil er verbunden mit den Wurzeln seiner eigenen Natur war. Weil er das Potenzial seiner eigenen inneren Natur nach außen wachsen lassen hat. Und genauso verhält es sich für mich bei uns selbst mit Seele und Körper. Unsere eigene Natur besteht für mich nicht nur aus einer, sondern aus zwei Komponenten: der *äußeren Natur*, dem sichtbaren, materiellen Teil, unserem Körper, und der *inneren Natur*, den Wurzeln, dem unsichtbaren Teil, unserer Seele. Und erst wenn beide Teile zusammenspielen – die innere und die äußere Natur, Körper und Seele –, fühlen wir uns ganz, sind im Gleichgewicht und können so das volle Potenzial entfalten.

Für mich symbolisiert die Seele die Wurzeln unserer eigenen Natur. Wie bei einem Baum ist sie die Basis für alles. Der Ort, aus dem heraus wir wachsen können. Ein wesentlicher Bestandteil für Gleichgewicht. Ein wilder, rauer Kern, der ein unglaubliches Potenzial hat. Ein kreativer Ort der Möglichkeiten, der im Äußeren eine Form annimmt. Die Seele ist wie ein Nordstern, der uns im Dunkeln leuchten kann, und ja, sie ist auch die oft anstrengende Stimme unserer Natur, die uns ruft und sagt: »Fliege nach Afrika!«, Oder die uns mahnt, wenn wir uns von unseren Wurzeln entfernen. Sie ist der Kompass unserer Werte, der uns durch das Leben tragen kann. In ihr wohnt unser ganz persönlicher Grund, auf der Erde zu sein. Das, was uns einen inneren Sinn hinter der äußeren Erscheinung verleiht. Für mich ist sie der kreative Geist, der in allem Leben wohnt, die Schöpferkraft, die sich durch Talente und individuelle Fähigkeiten ausdrücken will und die sich auch in der Natur oder den Tieren in ihren wildesten und buntesten Farben zeigt.

Sie ist all das, was wir sein können – und sie ist all das, was wir sind, wenn wir nichts sein müssen. Sie ist all die Freude, die wir fühlen können, wenn wir wild und frei sind wie ein Vogel. Und manchmal müssen wir an Orten sein, die so roh und pur sind, die so viele verrückte Vögel haben, die sich selbst ganz ursprünglich leben, um uns daran zu erinnern, dass es bei uns um genau das Gleiche geht.

Manchmal müssen wir in die Sterne schauen, mit beiden Beinen den Boden berühren, die Seele der Erde fühlen oder einem alten Baobab begegnen, um zu erkennen, dass auch wir sehr viel mehr sind als unsere äußere Hülle. Und dass wir durch sie – so wie es die indigene Völker sagen – nicht nur im Außen, sondern auch im Inneren mit allem verbunden sind.

Unsere eigene Natur, das Geschenk für die Erde

Eine alte Indianerlegende erzählt, dass jedem Menschen ein Geschenk innewohnt. Eine Art Medizin, die die Erde bereichern kann. Und was das heißt, möchte ich anhand eines weiteren kleinen Vogels erzählen: Es handelt sich um einen kleinen Kerl, der einen Alarmruf ausstößt, sobald sich ein Raubtier nähert. Das allein wäre nicht die Sensation. Die Sensation ist, dass er das nicht für sich macht. Er macht es für andere Tiere. Und so schafft er mit seiner kleinen Existenz einen riesigen Ausgleich zwischen stärkeren und schwächeren Tieren.

In der Wildnis, so sagt man, fressen die Großen gnadenlos die Kleinen, aber dieser Kleine hat eine besondere Aufgabe. Er trägt ein Geschenk für die Erde in sich, das Teil des großen Ganzen ist. Er ist wahnsinnig wichtig für sie und andere Lebewesen. Und wäre er nicht hier, würde er für diese Balance fehlen.

Für mich gibt es eine epische Lektion, die einem die Wildnis erteilt, und sie lautet: Alles hat einen wertvollen Grund, hier zu sein. Denn die Natur ist eine Balance aus vielen kleinen Teilen, die alle von Bedeutung sind. Und zwar so, wie sie von ihr geschaffen wurden. Nicht anders – und das gilt auch für uns selbst. Man könnte zu unserer Seele, den unsichtbaren Wurzeln unserer eigenen Natur also auch sagen: Wir alle haben von Natur aus einen verrückten wie liebevollen Vogel, der uns zu dem macht, was wir wirklich sind. Und dieser verrückte Vogel ist die Medizin. Er ist das Potenzial. Er ist wichtig für das große Ganze, wie er ist!

Was ist dein verrückter Vogel?

Ich spreche hier von der Seele. Ich rede davon, dass diese Seele überhaupt in allem wohnt. In jeder Pflanze, jedem Tier, und dass auch die Erde selbst eine Seele ist. Nebenbei bemerkt: Ich glaube, die Frage nach meinem verrückten Vogel stellt sich nicht, er ist offensichtlich. Wenn ich zurückdenke, weiß ich, dass er immer da war, denn seit ich denken kann, habe ich zum Beispiel Insekten aus dem Wasser vor dem Ertrinken gerettet. Sogar Bienen oder Wespen. Selbst wenn ich im Wasser nicht mehr stehen konnte, bin ich einarmig, am anderen Arm belagert von kleinen Tierchen, zurück an den Wasserrand geschwommen, habe ihnen ein gutes Plätzchen gesucht und gewartet, dass sie sich erholen – im Übrigen veranstalte ich das Schauspiel heute noch.

Unser Geschenk ist immer da, wo unsere Liebe ist. Denn wo unsere Liebe ist, ist die Seele. Wo unsere Seele ist, sind unsere Wurzeln. Und wo unsere Wurzeln sind, ist unsere Kraft. Komplizierter ist es nicht. Im Grunde ist es tatsächlich wie bei einem Baum: Je stärker wir mit unserem Lebenssinn, unseren unsichtbaren Wurzeln in Verbindung stehen, desto stärker sind wir selbst. Nicht die äußere Form erfüllt uns, sondern wenn sich die innere entfalten kann. Wenn wir, zum Beispiel wie ich barfuß durch Afrikas Wildnis laufen und innerlich auf einmal genau wissen: Hier sind wir richtig … Genau das wissen wir nie mit dem Kopf, sondern wenn es auf einmal ganz still wird und die Wildnis in uns selbst erwacht. Wir fühlen es, wenn das Lagerfeuer in der eigenen Natur zu knistern beginnt, das Herz erwärmt, den Weg durch die Dunkelheit leuchtet und uns auffordert, an den verrückten Vogel in uns selbst zu glauben – was ist deiner?

Was wir denken, in der Natur zu finden

TIERE. PFLANZEN. STEINE.
BÄUME. WASSER. ERDE. HIMMEL.
WIND. BLUMEN. SONNE.

Was wir in der Natur wirklich finden

FRIEDEN. FREIHEIT. KREATIVITÄT.
VERBINDUNG. INTUITION. STILLE. VERTRAUEN.
FÜLLE. LEBEN. SCHÖNHEIT. EINHEIT.
VERTRAUEN. KLARHEIT. UNS SELBST.

Little Lesson

FROM NATURE

JE VERRÜCKTER DER VOGEL,
DESTO LEBENDIGER DAS POTENZIAL!

Die Seele und die Wildnis

Im Gegensatz zu den indigene Völkern mögen wir heute denken, dass wir die Wildnis nicht mehr brauchen. Aber verschwindet sie, verschwindet auch die Vielfalt. Verschwindet sie, verschwinden auch die Geschenke der Natur. Es verschwinden die alten Baobabs, die verrückten Vögel in ihr und in uns selbst. Ganz einfach, weil wir unsere Wurzeln verlieren, und damit jene Orte, die uns an uns selbst erinnern. Für mich persönlich gibt es heute einen einfachen Grund, warum wir uns in der unberührten Natur so zu Hause fühlen, warum wir uns in unserer modernen Welt immer weniger zu Hause fühlen und warum sich die ursprüngliche Natur Afrikas für mich so nach heimkommen angefühlt hat. Er lautet: Die Wildnis spiegelt sich in unserer eigenen Seele wider. Sie erinnert uns daran, dass es auch in uns einen Teil gibt, der frei sein will. Der wild und pur wachsen will. Der nicht eingeschränkt werden möchte, sondern ganz einfach leben will, so wie er ist, ohne dass dieses Leben infrage gestellt wird.

Was ich in Afrika am Lagerfeuer bereits in der ersten Nacht gespürt habe, ist das: Wenn man in die Wildnis schaut, schaut sie zurück. Mutter Erde blickt mit ihrer wilden Seele direkt in die eigene und fragt auf gnadenlos ehrliche Weise: Wo ist der Teil von dir hingekommen, der du einst als Kind einmal warst? Sie fragt: Glaubst du noch an mich und unsere Verbindung? An deinen Grund, auf der Erde zu sein? Und bist du bereit, ihn wieder wachsen zu lassen?

Und könnte der alte Baobab sprechen, würde er uns wohl genau dazu ermutigen. Denn von seiner eigenen Natur und all der Zeit, die er bereits auf der Erde ist, weiß er besser als jeder andere: Wo Wurzeln, da ein Weg!

»WIE DU SIEHST, SEHE ICH AUS, ALS SEI ICH VOR URZEITEN ANGEBISSEN WORDEN. ABER DAS HAT MIR NICHT GESCHADET. DENN WAS WIRKLICH ZÄHLT, IST NICHT DAS AUSSEN, SONDERN DAS INNEN. STARKE WURZELN SCHÜTZEN NICHT VOR PROBLEMEN, ABER SIE HELFEN, SIE ZU MEISTERN UND IMMER EINEN WEG ZU FINDEN«,

SAGT DER TYRANNOSAURUS-BAOBAB-BAUM.

Das Verbunden-statt-online-Ritual

VERWURZELUNG MIT DER EIGENEN NATUR

WENN WIR BARFUSS AUF DER ERDE STEHEN,
PASSIERT ETWAS MAGISCHES:
UNSERE NATUR VERBINDET SICH MIT DER NATUR.
UNSERE FÜSSE WERDEN ZU WURZELN.
DER ROHE KONTAKT ERINNERT DARAN,
WELCH EINZIGARTIGES ZUHAUSE DIE ERDE UNSERER SEELE BIETET.
ERST DIE ERDE SELBST
MACHT DAS LEBEN WILD UND PUR UND LEBENDIG.
ZEIGT, DASS DIE WILDNIS IN NIEMAND
GERINGEREM WOHNT ALS IN DER EIGENEN NATUR.

*UM ORIENTIERUNG ZU FINDEN,
MÜSSEN WIR MANCHMAL
EINFACH NUR HINAUSGEHEN
UND UNS MIT DEN WURZELN
UNSERER – EIGENEN – NATUR VERBINDEN.*

RAUS AUS DEM KOPF, REIN IN DIE ERDE

Wenn wir uns mit der Natur der Erde verbinden, können wir uns auch mit uns selbst verbinden. Durch die Verwurzelung gehen wir raus aus dem Kopf, hinein in den Körper. Wir beginnen zu spüren, zu fühlen und können uns so oft intuitiv an den Grund erinnern, warum wir hier sind. Das Potenzial, das in uns wohnt. Verwurzelung lenkt die Aufmerksamkeit von außen nach innen.

JE MEHR DU IN DER NATUR BIST,
DESTO MEHR WIRST DU BEI DEINER EIGENEN NATUR SEIN!

Suche dir einen schönen Ort in der Natur. Stell dich barfuß auf einen festen Untergrund oder setz dich zu einem Baum. Konzentriere dich eine Zeit lang auf deinen Atem, dann stelle dir vor, du bist selbst ein Baum. Spüre, wie aus deinen Beinen Wurzeln in die Erde wachsen. Sie ziehen dich nach unten, und du spürst, wie sie dich in der Erde verankern. Ziehe dazu deine Schulterblätter nach hinten unten und stell dir vor, wie eine unsichtbare Schnur deinen Kopf gerade nach oben zieht und deine Wirbelsäule aufrichtet. Öffne deine Handflächen, sodass sie nach oben zum Himmel zeigen wie Äste eines Baumes.

Zieh nun mit jedem Atemzug die Verbindung von der Erde durch deinen ganzen Körper bis hinauf in deinen Kopf und lasse sie mit dem Ausatmen wieder nach unten in die Erde fließen. Fühle, dass es keine Grenzen gibt, sondern dass alles verbunden ist, und wie auch du durch diese Verbindung stärker wirst. Behalte dir dieses Gefühl. Versuche, nicht zu denken, sondern lass zu dir fließen, was zu dir fließen will. Vielleicht ist es eine Idee, ein Gedanke, ein Gefühl, eine Sehnsucht … was auch immer es ist, lass dich überraschen von dem, was dich finden will. Wenn du bereit bist, kehre zurück in die Realität, ohne dass du die Verbindung, die du gerade aufgebaut hast, trennst. Nimm das Gefühl wahr, das nun in dir ist, und behalte es dir auch im Alltag. Erinnere dich daran, dass du es dir jederzeit wieder holen kannst, wenn es verloren geht oder du dich entwurzelt fühlst. Sieh in dieser Verwurzelungsübung ein kleines Tool, das du jederzeit anwenden kannst. Überall hast du die Gelegenheit, eine Minute innezuhalten, dich zu erden und dich mit der Natur und auch dir selbst zu verbinden.

DER ERDUNGSSTEIN

Wenn du willst, such dir außerdem einen Stein in der Natur und trage ihn bei dir. Immer wenn du merkst, dass etwas zu viel ist, nimm den Stein in die Hand. Allein seine Kälte und Struktur aktivieren deine Sinne und bringen dich damit näher zu deiner Natur. Du kannst dich an ihm festhalten oder ihn als Mini-Reminder an deine Wurzeln verwenden.

Wie kann unsere Natur aufblühen?

WACHSE IN DEN HIMMEL.
STAMPFE DICH DURCH DEN BODEN.
FOLGE DER FREUDE. ZWEIFLE NICHT.
TRAU DICH. SEI MUTIG. TU ETWAS.
GEH DEN ERSTEN SCHRITT.
SEI DER FRÜHLING.
ERSCHAFFE IM AUSSEN, WAS IN DIR IST.
AKTIVIERE DEINE KRAFT.
DENN DAZU IST SIE DA.

»WELCH VERLUST WÄRE ES,
SIE NICHT ZU NUTZEN?«,
FRAGT DIE NATUR.

Die dritte Etappe der Reise:

Das Prinzip des Frühlings

Die Natur wächst von innen nach außen. Um zu blühen, muss sie sich zeigen, aktiv werden, Schritte setzen, sich den Weg durch die Erde bahnen. Wachstum liegt im Tun, außerhalb der Komfortzone. Und das gilt auch für die eigene Natur.

SCHRITT DREI: NUTZE DEINE KRAFT AKTIV. MACHE DEN ERSTEN SCHRITT. SEI DER FRÜHLING. UND STEIGE AUS DER KOMFORTZONE.

Wir leben in einer Welt, in der unser Wachstum auf dem Verständnis von Blühen beruht. Darauf, im Äußeren zu wachsen, aber nicht im Inneren; allzu oft messen wir uns an Wohlstand, Besitz und Haben. Wir sind sehr auf Ergebnisse gepolt und schrecken davor zurück, uns auszuprobieren. Dadurch limitieren wir uns selbst. Nehmen uns all die Möglichkeiten, als Menschen auf der Erde zu reifen. Unsere Erfahrungen zu machen. Als Seele voranzukommen. Uns auszuprobieren und auf die Wildnis des eigenen Lebens einzulassen. Wir wünschen uns Glück, Veränderung, dass unsere Wünsche in Erfüllung gehen, sind aber oft nicht bereit, aus der Komfortzone zu steigen, mutig zu sein und selbst etwas dafür zu tun. Aufblühen können wir nur, wenn wir bereit sind, Hindernisse zu überwinden. Denn Wachstum findet immer dort statt, wo es ungemütlich wird. Nicht versteckt unter der Erde, sondern auf ihr.

ALLES, WAS IN DEINER EIGENEN NATUR VERANLAGT IST, KANN WACHSEN. ABER NICHT, WENN DU ES NICHT ZULÄSST. ALSO SEI MUTIG. DU GEWINNST SCHON, WENN DU ES VERSUCHST.

Was ich von der Natur für meine eigene Natur gelernt habe, ist: Alles beginnt mit dem ersten Schritt. Egal wie groß oder klein. Egal wo. Egal wie. Dafür aber jetzt. Gleich. Denn dieser erste Schritt entscheidet darüber, ob du wächst oder nicht. Also höre auf zu hoffen. Beginne zu tun. Probier aus. Sei neugierig. Glaube an die Kraft deiner Natur. Dass alles in dir steckt, was du brauchst. Und vertraue dem Prozess. Wachstum geht nicht von heute auf morgen. Wachstum ist lernen, entdecken und – einfach tun. Es findet nicht im warmen Bett statt. Sondern außerhalb davon. Und deshalb sei auch bereit für Ungemütliches. Bereit, die Komfortzone zu verlassen. Bereit zu scheitern. Und trotzdem weiterzugehen. Mach deine Erfahrungen. Niemand schafft alles beim ersten Versuch. Umgib dich mit Menschen, die das wissen. Suche Inspiration. Nicht das Gegenteil davon. Und: Verabschiede dich vom Ergebnis. Warte nicht auf den Frühling. Sei er selbst.

JEDE ERFAHRUNG, AN DER DEINE SEELE
WACHSEN KANN, IST WIE EIN FRÜHLING,
IN DER SIE AUFBLÜHEN KANN.

Und sei dir auch bewusst: Die nicht so mutige Stimme in dir wird dir immer wieder sagen, dass du es nicht tun sollst. Dass du es nicht schaffen kannst. Dass du besser »unter der Erde« – in der sicheren Komfortzone bleiben sollst. Sehr oft wirst du ihr glauben. Du wirst zweifeln an deinen Ideen und an der Kraft in dir. Aber dann erinnere dich an den Frühling. Glaube ihm mehr als allen anderen. Er ist die Natur. Und keine Gesetze sind stärker, als jene, die in ihr herrschen.

MANCHMAL MUSST DU DICH
NUR AN DEN FRÜHLING ERINNERN,
UM DIE KRAFT ZU ERKENNEN,
DIE VON NATUR AUS IN DIR IST.

Reflexion

für die eigene Natur

KANNST DU DIE KRAFT DES FRÜHLINGS IN DIR SPÜREN? SIEHST DU, WAS MÖGLICH IST? WAS WIRST DU DAMIT TUN? WAS WÄRE, WENN … DU DICH AUF DIE JAGD MACHST NACH DEM, WAS DU WIRKLICH WILLST? EINFACH TUST? WAS KÖNNTE DEIN ERSTER SCHRITT SEIN?

DAS PRINZIP DES FRÜHLINGS
ODER AUCH: DAS WACHSTUM DER NATUR

»Build a dream, and the dream will build you.«

ROBERT H. SCHULLER

»Die meisten Dinge sind unwichtig, und wenn doch etwas Wichtiges passiert, erreicht es dich auch im Busch!«, sagt ein Ranger zu mir, als ich ihn frage, wie es ihm ohne Kontakt zur Außenwelt mit seiner spärlichen Lebensweise geht. Sofort denke ich zurück an den Moment vor meiner Abreise, als ich vor meinem Kleiderschrank stand und völlig überfordert war. Ich wusste einfach nicht, was ich mitnehmen sollte. Am liebsten sollte es alles sein.

Mehr und mehr habe ich in die kleine Tasche gequetscht, die mit durfte, und es nicht geschafft, mich auf das Wesentliche zu konzentrieren. Meine größte Sorge war, zu wenig zu haben. Überraschenderweise stellte ich aber bereits nach zwei Wochen in der Wildnis dasselbe wie der Ranger fest: Ich brauche fast gar nichts. Und das Wenige ist das Beste daran.

In Afrika hieß das: Vor meinem Zelt gab es eine kleine Schüssel mit Wasser, oder wie wir dazu sagen würden: das Badezimmer. Das Klo war ein Erdloch mit einem Klodeckel. Wahnsinnig einfach und trotzdem extrem komfortabel. Die Duschen waren im Freien und wurden einmal pro Tag mit warmem Wasser gefüllt. Haushalten hieß es. Überfluss gab es nicht. Jeder hatte nur genau das, was er tatsächlich brauchte. Nicht mehr und nicht weniger. Und das spiegelte sich auch in meiner Reisetasche wider. Noch nie hatte ich so wenig, und noch nie hat mir so wenig gefehlt. Und da wurde mir klar, dass mir – ein Kind der Generation Möglichkeit – in Wahrheit überhaupt nichts fehlt, sondern im Gegenteil, dass ich viel zu viel habe. Viel zu viel Zeug, viel zu viel Entertainment, viel zu viel zu tun … dass ich zwar besonders gut darin war, im Außen zu wachsen, aber nicht aus mir selbst heraus, und dass dieses viele mich überwuchert hatte und mich davon abhielt, hier draußen zu sein, mit mir. In der Wildnis des Lebens.

Nicht dass ich für immer mit einem Loch in der Erde als Klo leben will, aber ich kann für mich sehr ehrlich sagen: Das Immer-mehrHaben, das Streben nach Immer-nur-im-Außen-erfolgreich-Sein, von dem wir denken, dass es Wachstum ist, ist genau das, was dem echten Wachstum der Natur oft im Wege steht. Uns auf eine eigenartige Weise unfrei macht und davon abhält, das Geschenk in uns mit voller Kraft in die Welt zu bringen. Unseren Weg im Leben aus dem Inneren heraus zu gestalten und unseren verrückten Vogel inklusive Wurzeln zum Fliegen zu bringen.

Und es ist auch der Moment, in dem ich mich zum ersten Mal fragte: Wenn ich mit so wenig zufrieden sein kann, warum brauche ich dann eigentlich so viel? Wofür rackere ich mich ab? Warum mache ich das alles? Und was würde passieren, wenn ich all die Energie, die ich dafür verwende, im Äußeren zu wachsen, in mich selbst investieren würde?

Was wäre, wenn?

Diesen Gedanken tragen wir doch alle in uns. Tief in unserem Inneren wollen wir uns selbst entdecken. Die Wildnis, die in uns ist und die wir auch spüren können, zum Leben zu erwecken. Das Flugticket nach Afrika kaufen. Einfach mal in der Früh nicht aufstehen. Die To-do-Liste liegen lassen. Hinausgehen, uns ins Gras werfen, hineinspüren, was da ist, und es dann wachsen lassen. Schritte setzen. Mit dem Leben spielen, ohne zu überlegen. Ich glaube, wir tragen diesen Gedanken deshalb in uns, weil dieser Gedanke – zu Ende gedacht – Teil unserer Natur ist.

Vom ersten Moment an, in dem wir hier auf der Erde landen und unsere Augen aufschlagen, sind wir unglaublich neugierige Wesen. Wir sind geboren mit dieser immensen Power und Kreativität in uns. Einer Begeisterung, die uns die Welt erkunden lässt. Mit unseren Minischritten laufen wir durch sie und wollen alles entdecken, was es darin zu finden gibt. Herausfinden, wie heiß die Herdplatte ist oder wie es sich anfühlt, wenn eine Murmel in der Nase ist. All das ist nicht »Was wäre, wenn?« in unserer Kindheit, all das passiert, weil wir es tun. Wir schrecken nicht davor zurück, Dinge auszuprobieren. Wir machen einfach. Genau daran wachsen wir. Lernen und Herausfinden ist ein absolut natürlicher Teil unseres Daseins.

Doch mit der Zeit geht uns diese Entdeckungskraft oft verloren. Wir hören auf, hinauszugehen und einfach unser Ding zu machen. Wir hören auf, die Seelenwildnis frei wuchern zu lassen. Nutzen die Kraft nicht, die dafür in uns ist. Verstecken uns lieber. Bleiben dort, wo uns keiner wirklich sehen kann. Oder lassen zu, dass andere Vorstellungen über uns wachsen. Genau so aber wird das Leben oft ein »Muss«: anstrengend und ein Ort, an dem wir uns nicht mehr wohlfühlen. In dem etwas fehlt. Und ich glaube, der Grund, warum uns heute ganz besonders viel fehlt, obwohl eigentlich sehr viel da ist, ist, dass wir eine verdrehte Vorstellung von Wachstum entwickelt haben.

Eine Vorstellung, durch die wir aufhören zu spielen und das »Was-wäre-wenn-Spiel« nicht mehr zu Ende denken. Stoppen beim Gedanken, wenn wir das Gefühl haben, er könnte nicht gelingen. Und das ist so unendlich schade.

Das »Was-wäre-wenn-Spiel« hört auf, weil wir einfach in dieser leistungsorientierten Welt ganz schön viel müssen und nicht mehr so viel können. Weil wir nicht mehr fragen: »Was darf ich alles entdecken und aus mir wachsen lassen?«, sondern meist nur: »Was muss ich tun, um Geld zu verdienen, und was kann ich am Ende alles für dieses Geld bekommen?«

Genau damit aber nutzen wir unsere Kraft dafür, etwas nachzujagen, was wir – ganz oft – nicht sind, anstatt sie in uns selbst zu investieren, und vergessen darauf, dass wir nicht wegen des Zieles auf der Erde sind, sondern wegen der Fahrt. Dass es nicht darum geht, einen vollen Kleiderschrank zu haben, sondern zu wissen, wie sich Kleidung anfühlt. Wie es ist, am Leben zu sein und Dinge auszuprobieren, um irgendwann sagen zu können: »Ja, das habe ich getan«, und nicht: »Was wäre, wenn ich es getan hätte«.

Denn was wäre, wenn die Natur Zweifel hätte, ob sie überhaupt wachsen kann? Und: Was, wenn ich nicht nach Afrika gefahren wäre?

Was ist, wenn ich Zweifel habe, alles zu schaffen?

»MACHE DEN ERSTEN SCHRITT.
ENTZÜNDE DAS LAGERFEUER IN DIR.
STEIGE IN DIE FLAMMEN.
BEGINNE ZU BRENNEN. FÜR DAS,
WAS DU LIEBST.
SEI LICHT. UND ERSTE KNOSPEN.
SEI KLEINE SCHRITTE.
GROSSER MUT.
UND GANZ VIEL WARME ENERGIE.
MACHE DEINE ERFAHRUNGEN.
WACHSE AUS DIR.
UND ÜBER DICH HINAUS.
VERSUCH ES EINFACH.
ALLEIN DADURCH WIRST DU
SCHON GEWINNEN«,

SAGT DIE NATUR.

Little Lesson

FROM NATURE

ALT ZU WERDEN IST EIN NATURGESETZ.
ERWACHSEN WERDEN NICHT!

Wir wachsen an Erfahrungen, nicht an Zielen

Würden wir den alten Baobab zum Thema Wachstum befragen, befragen, würde er vermutlich einfach nur schmunzeln und sagen: »Sieh dir den Frühling an, dann siehst du alles, was du wissen musst.« Und tatsächlich: Der Frühling ist die Phase, die alles verändert. Er ist die Phase, in der sich die Kraft der Natur von ihrer stärksten und besten Seite zeigt.

Denn jeden Frühling muss sich die Natur aufs Neue anstrengen, um etwas aus sich hervorzubringen. Sie muss sich durch den harten Winterboden mühen, darauf hoffen, dass die Bedingungen stimmen, loslegen und wie aus dem Nichts etwas erschaffen.

Im Frühling liegt die aktive Kraft der Natur. Der erste Teil des Jahreszyklus. Der Beginn des Lebens. In ihm wohnt die Kraft des Wandels. Er fragt nicht »Was wäre, wenn?«, vergeudet keine Energie darauf, zu zweifeln oder zu warten, dass ihn jemand bittet zu wachsen, sondern nutzt seine Kraft fokussiert und legt los, ohne sein Wachstum zu hinterfragen. Er ist sich darüber klar, dass es seine Aufgabe ist, die Erde zu einem blühenden Planeten zu verwandeln, und diesen Weg verfolgt er, egal welche Hindernisse vor ihm liegen. Er findet eine Möglichkeit, aus sich herauszuwachsen, und nicht umgekehrt. Genau darin liegt die Kraft der Natur. Denn wenn wir überlegen, wie der Baobab so alt werden konnte, dann sicher nicht, weil er ständig nur am Blühen war, immer nur Früchte trug oder zugelassen hat, dass etwas anderes über ihm wächst. Sondern deshalb, weil er furchtlos war, seine Komfortzone immer und immer wieder verlassen hat, als ganzes Wesen gereift ist und von Jahr zu Jahr immer wieder aufs Neue seine Kraft aktiv genutzt hat, um hier zu sein. So sind seine Jahresringe gewachsen. Sie zeigen seine Erfahrung auf der Erde. Durch sie ist er kräftiger und stärker geworden. Was wir zum Thema Wachstum an einem Baum sehen können, verbirgt sich für mich – denn das ist meine Erfahrung – auch wieder in unserer eigenen Natur: Wachstum ist eben nicht nur das, was im Äußeren von uns sichtbar ist, das, was wir haben oder besitzen, sondern unsere inneren Erfahrungen, die zum Äußeren werden, wenn wir die Kraft unserer Natur aktiv nutzen.

Wenn wir aus dem Inneren herauswachsen, der Wildnis in uns selbst folgen und wie der Frühling aktiv Schritte setzen, um sie erblühen zu lassen. Und zwar gegen jeglichen Widerstand. Daran entwickeln wir uns. Daran wachsen wir. Darin liegt die Stärke unserer eigenen Natur.

Was uns die Natur mit diesem Prinzip für die eigene Natur vorlebt, ist nichts Geringeres als: Was wir im Äußeren sehen wollen, muss in uns selbst beginnen, andernfalls wird es nicht existieren. Und der Frühling ist ein wunderbarer Spiegel dafür, dass wir von Natur aus sehr viel mehr Kraft in uns tragen, als wir oft denken. Er erinnert uns daran, die Komfortzone zu verlassen, aus dem Inneren herauszuwachsen und unsere Kraft aktiv zu nutzen, denn nur so wird sich unser Weg der Seele im Äußeren entfalten.

Um besser zu verstehen, was das heißt, stelle ich mir immer vor: Ich bin ein Baum, und die Erde ist die Komfortzone. All die wohligen Dinge um mich. Und dann rufe ich mir den Frühling in Erinnerung und stelle fest, dass Wachstum außerhalb der Erde liegt. Dort, wo es manchmal auch kalt, rau und ungemütlich ist. Genau dort aber liegen die Erfahrungen. Die echte Kraft entsteht, wenn wir uns trauen, sie in Anspruch zu nehmen. Wenn wir uns trauen, die Komfortzone zu verlassen und aus uns selbst herauszuwachsen. Wenn wir aktiv werden, uns ausprobieren und der Freude folgen, selbst dann, wenn es ungemütlich ist. Wachstum entsteht nicht unter der Erde, Wachstum entsteht aus den Wurzeln über der Erde.

Psssst…

WENN DIE SEELE IN EINER UMGEBUNG IST,
DIE IHR INNERES POTENZIAL REFLEKTIERT,
KANN MAN SIE FÖRMLICH WACHSEN HÖREN.
WIE SIE SICH IHREN WEG DURCH
DIE ERDE BAHNT.
ALL IHRE KRAFT VERWENDET,
UM AN DAS LICHT ZU KOMMEN.

Durch Erfahrungen aufblühen, die sich nicht danach anfühlen

Zugegeben, auch ich poste gerne schöne Bilder auf Social Media. Viele schöne Bilder. Vor allem von meiner kreativen Arbeit. Die Art und Weise, wie ich persönlich aufblühe. Was diese Bilder allerdings nicht zeigen, ist das, was dahintersteckt. Der Prozess, den auch der Frühling durchlebt. All die anstrengende Zeit, die Teil des Wachstums unter der Erde ist, bevor der Same an der Oberfläche sichtbar ist. All die Zweifel und Gedanken. Die Überlegungen. Die gelöschten Zeilen allein in diesem Buch. Die schlaflosen Nächte in Afrika, abseits des tollen Sternenhimmels.

Der mühsame Weg, bis etwas im Äußeren sichtbar wird. Der schwierige Part. Der Teil, den keiner gerne hat. Und den keiner gerne zeigt. Aber ich finde, das ist ein Fehler, denn genau das ist der alles entscheidende Teil bei Wachstum. Das ist das Prinzip des Frühlings. Das ist das Wachstum selbst. Das ist die Erfahrung, und darin liegt die Kraft!

Ich habe die Erfahrung gemacht, dass der Weg des echten Wachstums immer dort ist, wenn es ungemütlich wird. Wo man das Ziel noch nicht sehen kann, man nur den nächsten Schritt kennt. Und auch das zeigt die Natur bereits an Babys: Zähne zu bekommen ist nicht angenehm. Wachstumsschübe erfolgen nicht reibungslos.

Die unglamouröse Wahrheit ist: Gewachsen bin ich an allem, was sich angefühlt hat, als sei ich eine kleine Pflanze unter der Erde im Dunkeln, die mit voller Kraft ihren Weg zum Licht finden muss. Gewachsen bin ich, wenn ich verzweifelt war, an meine Grenzen geraten bin und den nächsten Schritt einfach nicht sehen konnte.

Das war zum Beispiel vor Afrika auf meinem Spinning-Rad, als ich wusste, dass etwas nicht stimmt, allerdings ohne zu wissen, was das war. Gewachsen bin ich, wenn jemand gnadenlos ehrlich zu mir war und ich so auch ehrlich zu mir selbst sein musste. Gewachsen bin ich daran, dass mir die Wildnis direkt in meine Seele geblickt hat und mir so unangenehme Fragen gestellt hat, dass ich mich vor den Antworten nicht mehr drücken konnte. Gewachsen bin ich, als mir Afrika eine neue Sicht auf meine eigene Natur und die Natur der Erde sowie unseren Umgang mit ihr eröffnet hat, und das war mehr als nur unangenehm, weil mir klar wurde, dass ich mich bewegen muss. Ohne zu wissen, wohin. Gewachsen bin ich nie an Sicherheit. Gewachsen bin ich, wenn ich die Sicherheit in mir selbst finden musste.

Von der Natur habe ich gelernt: Im Vergleich zu Instagram und der Vorstellung, die wir heute haben, findet echtes Wachstum nicht immer top gestylt, in bester Laune und größtmöglicher Leichtigkeit statt. Wachsen ist schwere Arbeit, und gewachsen zu sein ist toll. Eine Idee zu haben ist einfach, sie zu zeigen ebenso, aber der Weg dazwischen führt nicht immer durch den blauen Himmel vorbei am Fluss und ist begleitet durch Vogelgezwitscher.

Was das Wachstum angeht, ist die Natur ehrlich. Sie beschönigt nichts. Sie tut nicht so, als sei es »easy«. Sie lässt keine Ausreden gelten. Sie zwingt, den Blick nach innen zu richten und sich wieder an das zu erinnern, was man als Kind in sich trägt: Neugier und die Freude daran, furchtlos die Welt zu entdecken, auch wenn das heißt, sich die Finger daran zu verbrennen. Natürlich haben wir alle diese Momente, in denen wir wünschten, es sei einfach, und niemand von uns ist vor der Anziehungskraft der Komfortzone gefeit, aber ich denke, das war nicht der »Deal«, als unsere Seele auf die Erde kam.

Der Deal war, eigene Erfahrungen zu machen. Der Deal war, die Natur zum Ausdruck zu bringen, die in uns veranlagt ist. Der Deal war, uns auf das ungewisse Abenteuer einzulassen. Der Deal war nicht, das Leben aus einem sicheren Ort zu beobachten und sich zu fragen »Was wäre, wenn?«, sondern selbst neugierig zu bleiben und immer wieder nachzusehen, was hinter der nächsten Ecke in der Wildnis lauert, auch auf die Gefahr hin, dass es rein gar nichts ist, oder möglicherweise sogar ein Monster. Und ich stelle mittlerweile fest: Das ist sogar der coolere Part daran, denn das Ziel ist vergänglich, aber das Abenteuer kann einem keiner mehr nehmen.

Und könnte der alte Baobab jetzt sprechen, würde er vermutlich sagen: »Schmutzige Haare. Glückliche Zehen. Dreckige Füße. Müde Augen. Gescheiterte Versuche. Erste Schritte. Zahlreiche Fehltritte.

Umstände können wir nicht ändern. Aber wir können entscheiden, wie wir mit ihnen wachsen. So entsteht der Weg. Er entsteht im Wachsen selbst. Und zwar von innen nach außen. Nicht umgekehrt.«

»SIEH MICH AN: ICH STEHE MITTEN AUF EINEM TERMITENHÜGEL. WER HÄTTE GEDACHT, DASS DAS MÖGLICH IST? MIR WAR DAS EGAL. ICH HABE MEINE KRAFT GENUTZT. SIE EINGESETZT. NICHT GEZWEIFELT. MIR EINEN WEG GESUCHT. WIDERSTÄNDE ÜBERWUNDEN. AUCH WENN ES NOCH SO VERRÜCKT AUSSIEHT: ALLES IST MÖGLICH. TU ES EINFACH UND GLAUBE DARAN. DEINE NATUR IST ZU SEHR VIEL MEHR FÄHIG, ALS DU OFT DENKST. DU WÄCHST NIE AN ZIELEN, SONDERN NUR AM WEG DORTHIN!«,

SAGT DER FURCHTLOSE WUSCHELKOPFBAUM.

Das Verbunden-statt-online-Ritual

DIE WILDNIS DER IDEEN

WENN DIE KNOSPEN SPRIESSEN,
DIE ERSTEN BLÄTTER AUF DEN BÄUMEN WACHSEN,
WENN DIE SONNE WIEDERKEHRT UND DIE VÖGEL
ZU ZWITSCHERN BEGINNEN, DANN ERWACHEN AUCH WIR ZUM LEBEN.
GEHEN WIEDER HINAUS. ZEIGEN UNS IN DER WELT.
DER FRÜHLING LÄSST AUCH UNS ERBLÜHEN.
ERINNERT DARAN, DASS SICH SEINE KRAFT,
IN NIEMAND GERINGEREM VERBIRGT ALS IN UNS SELBST.
WAS WIR WOLLEN, KANN AUS UNS ENTSTEHEN.

*UM ETWAS WACHSEN ZU LASSEN,
MÜSSEN WIR MANCHMAL EINFACH NUR
EINEN SCHRITT MACHEN UND DIE KRAFT
UNSERER – EIGENEN – NATUR AKTIVIEREN.*

MANIFESTIERE DEINE IDEEN.
PFLANZE SIE AN

Nimm dir ein Blatt Papier, eine Pinnwand oder ein Notizbuch und stell dir vor, es ist wie eine Wildnis. Das heißt: Auf ihr kannst du wachsen lassen, was du möchtest. Ohne Regeln. Wild und frei, wie die Natur nun einmal ist. Die »Wildnis der Ideen« ist der Ort, an dem du alle Ideen, Freuden, Erfahrungen anpflanzen kannst, die du aus dir wachsen lassen möchtest. Er ist der erste aktive Schritt, den du unternehmen kannst. Sie kann eine Zeichnung sein. Eine Collage, die aus Zeitungsausschnitten besteht, oder eine Sammlung aus Dingen, die du findest und die für etwas stehen. Ihre Erscheinungsform ist deiner Kreativität überlassen. Betrachte jede deiner Ideen wie einen Samen, den du in die Erde setzt.

DER ERSTE SCHRITT IST DER SCHWERSTE.
ER VERLANGT ÜBER DIE INNEREN BEGRENZUNGEN HINAUSZUWACHSEN.
UND ES EINFACH ZU TUN!

Erarbeite dir Kategorien für die Bereiche in deinem Leben, wie Gesundheit, Beruf, Alltag und so weiter – gerne auch zu Geld. Es gibt kein Tabu. Versuche außerdem, so konkret wie möglich zu sein und gib deiner Natur Zeit. Du kannst die *Wildnis der Ideen* jederzeit erweitern, denn meine Erfahrung ist: Wenn man der Natur Raum gibt, sich zu entfalten, wird sie das auch tun. Bewahre die *Wildnis der Ideen* außerdem in Sichtweite für deinen Alltag auf, sodass du täglich daran erinnert werden kannst. Du kannst gute Energie aus ihr gewinnen, und das liegt daran, dass sie direkt mit deiner Freude verknüpft ist.

Noch ein kleiner Tipp

Überlege zu Beginn nicht zu hart, wie du deine Ideen wachsen lassen kannst, lasse sie an dir wachsen! Gieße sie mit Liebe, Aufmerksamkeit und guter Energie und schau ihnen beim Wachsen zu. Beobachte, was sie mit dir machen. Wie in der Natur werden manche Ideen vielleicht mit der Zeit verwelken, andere werden umso stärker aufblühen. Vertraue darauf, dass die richtigen Ideen ihren Weg finden, und zwar ganz einfach deshalb, weil sie es sollen. Weil sie eine Erfahrung sind, die die Seele auf der Erde machen will. Auch mit der *Wildnis der Ideen* ist es wie im Leben: Manche Ideen pflanzt man nur an, um zu lernen, dass sie nicht die richtigen sind. Das Geheimnis von Wachstum ist, ihnen überhaupt die Chance zu geben. Sich nicht zu limitieren und die eigenen inneren Grenzen zu überwinden.

WENN DU DEN ERSTEN SCHRITT AUS DER WILDNIS DEINER SEELE MACHST, BEGINNT DEIN POTENZIAL ZU WACHSEN. UND DU BEGINNST IM AUSSEN ZU ERSCHAFFEN, WAS IN DIR IST.

Wie war das bei mir?

Von mir selbst kann ich berichten, dass von meiner ersten Wildnis der Ideen – die ich ungefähr zwei Monate nach Afrika angelegt habe – bis heute fast alle Ideen wahrgeworden sind. Es ist sehr viel mehr möglich, als wir denken. Nur nicht immer in der Zeit, die wir uns wünschen. Und auch nicht in dem Glauben, dass sie uns serviert werden.

DEINE GEDANKEN UND WORTE SIND WIE SAMEN IM FRÜHLING. WAS AUS DIR WACHSEN SOLL, MUSST DU SELBST IN DIR TRAGEN. UND AKTIV WACHSEN LASSEN.

Wie können wir durch das Leben fließen?

ATME EIN. ATME AUS.
NIMM AUF UND LASS WIEDER GEHEN.
FOLGE DEM RHYTHMUS. FLIESSE.
SEI DAS RUHIGE MEER HINTER DER RAUEN SEE.
SPÜRE DIE BEWEGUNG. LERNE, MIT IHR ZU SURFEN.
NIMM DIE WELLEN, WIE SIE KOMMEN.
LASS DICH VON IHNEN TRAGEN. DICH MITREISSEN.
IN ALLE HOCHS. UND TIEFS.
GIB DIE KONTROLLE AB. BEGIB DICH IN DEN FLUSS.
UND LASS DICH VON IHM TRAGEN.
GENAU SO KOMMST DU MÜHELOS VORAN.
UND ALLES FINDET DICH VON SELBST
ZUR RICHTIGEN ZEIT. AM RICHTIGEN ORT.

»WIE VIEL ANSTRENGENDER WÄRE ES,
SICH GEGEN DIE WELLEN ZU STEMMEN,
ANSTATT AUF IHNEN ZU SURFEN?«,
FRAGT DIE NATUR.

Die vierte Etappe
der Reise:

Das Spiel der Wellen

Die Natur entwickelt sich in immer wiederkehrenden Zyklen. In aktiven und passiven Zeiten. In Phasen des Blühens. Und Phasen des Nichtstuns. Stets fließt sie. Atmet ein und wieder aus. Ist immer in Bewegung. Nie gleich. Nur so können ihre Ressourcen gewahrt werden. Nur so kann der Fluss des Lebens bestehen bleiben. Nur so bleibt das Gleichgewicht gewahrt. Und das Gleiche gilt für die eigene Natur.

SCHRITT VIER: ACHTE AUF DEINE RESSOURCEN. FOLGE DEM RHYTHMUS DEINER NATUR. SURFE MIT SEINEN WELLEN. NICHT GEGEN SIE.

Wir leben in einer Welt, in der wir ständig aktiv sind, immer leisten und tun, glauben, nur so haben wir einen Wert – sogar unsere Freizeit besteht meist aus To-do-Listen.To-do-Listen.Wir sehen Wachstum nur als Aufwärtsbewegung, aber nicht, dass dieser Glaube unnatürlich ist. Wir haben verlernt, auf unseren ureigenen Rhythmus zu hören, unserer Natur Raum zu geben, damit sie sich erholen kann, bewusst mit den Ressourcen der Natur umzugehen und Pausen als Teil des gesunden Wachstums zu sehen. Dadurch leben wir nicht nur über den Ressourcen unserer eigenen Natur, sondern auch der Natur, und schneiden uns vom natürlichen Fluss des Lebens ab. Berauben uns der Phasen, die dazu beitragen können, dass alles im Gleichgewicht bleibt und ganz natürlich zu uns fließen kann.

WENN DICH DAS LEBEN AUSBREMST, LEG DICH IN DAS GRAS, SAGE DANKE, NIMM DIR EIN GUTES BUCH UND GENIESSE DIE PAUSE. DENN DIE NÄCHSTE WELLE KOMMT BESTIMMT. UND EINES IST SICHER: STELLST DU DICH GEGEN DIE WELLE, WIRD SIE DICH VERSCHLUCKEN!

Was ich von der Natur für meine eigene Natur gelernt habe, ist: Wann immer du feststeckst, mache eine Pause. Lege alles nieder. Werde langsamer als die schnelle Welt. Höre auf zu leisten. Lausche dem Rhythmus deiner eigenen Natur. Folge ihm. Vertraue den Wellen, die er vorgibt. Lerne mit ihnen zu surfen. Nimm sie, wie sie kommen. Höre auf zu kontrollieren. Schaffe Ausgleich. Entschleunige dich. Wenn du müde bist, sei müde. Wenn du aktiv bist, sei aktiv. Verplane deine Freizeit nicht. Mach nicht zu viele Pläne. Glaube daran, dass es auch leicht gehen darf. Lass Platz für das Nichtstun. Raum, damit dich etwas finden kann. Tritt zurück. Erlaube es dir, nicht zu leisten. Es ist okay, etwas nicht zu schaffen. Lauf nicht durch die Welt. Sonst verpasst du das Abenteuer. Kämpfst gegen die Wellen. Erzeugst Blockaden. Und verpasst den Zwischenteil. Das Spiel. Den Moment, in dem dich etwas finden kann. Und: Höre auf mit den To-do-Listen, mache Done-Listen.

MANCHMAL IST NICHTSTUN DAS BESTE, WAS DU TUN KANNST, UM WIEDER IN DEN FLUSS ZU KOMMEN. ALSO SEI EINFACH DA. BEREIT, DIE FRÜCHTE DANN ZU ERNTEN, WENN SIE REIF SIND.

Und sei dir bewusst: Pausen machen muss man lernen wie surfen. Den eigenen Rhythmus zu finden ist ein Prozess. Ein langsames Annähern, ein ständiges Probieren und Nettsein zu sich selbst. Ein unperfektes Durcheinander und kein Plan, der immer gleich funktioniert. »Balance« ist nicht nur »inner peace«, sondern erfordert Routine, Geduld und beginnt in kleinen Schritten. Mit Mini-Auszeiten zwischendurch und der Erlaubnis, die man sich selbst dafür erteilt. Die Erlaubnis, einfach ab und zu ein To-do nicht zu erledigen.

Reflexion

für die eigene Natur

WIE SEHR CHILLST DU DEIN LEBEN? UND ACHTEST DU AUF DEINE RESSOURCEN? KENNST DU DEN RHYTHMUS DEINER NATUR, UND FLIESST DU MIT IHM? SURFST DU AUF SEINEN WELLEN DURCH DAS LEBEN?

DAS SPIEL DER WELLEN
ODER AUCH: DER RHYTHMUS DER NATUR

»Erkennst du klar, dass sich alle Dinge verändern, dann wirst du sie nicht festhalten wollen.«
LAOTSE

Es ist 17.30 Uhr, und wir halten an einem bestimmten Ort. Der Grund ist Afrikas Sonnenuntergang. Sofort stelle ich fest, es stimmt nicht, was man über die Sonne hier sagt. Sie ist noch viel schöner und überwältigender, als sie in Filmen, Bildern und Erzählungen erscheint. Jeden Abend färbt sie den Himmel im schönsten Farbverlauf, und aufgrund der Weite und Dimension der Landschaft wirkt es, als sei alles ein unendliches Gemälde. Es ist surreal, mitten darin zu stehen. Fühlt sich an, als sei das Leben nur ein Traum, aus dem man jeden Moment aufwachen könnte. »Ist das wirklich passiert?«, frage ich mich heute manchmal, aber wenn ich mir meine Bilder ansehe, dann weiß ich: Es war zum Glück kein Traum.

Der Traum war real und Teil des »Sunset-Rituals« in Afrika. Das heißt, nach dem Tag in der Wildnis genießt man bewusst an jedem Abend den Sonnenuntergang an einem besonderen Ort in der Natur. Lässt die Eindrücke des Tages ausklingen. Inhaliert den Moment. Atmet ihn ein. Möchte am liebsten zu ihm selbst werden. Ihn festhalten und für immer bestaunen. Aber das geht nicht, denn er vergeht so schnell, wie er gekommen ist. Einmal mehr stelle ich in Afrika fest: Das Ausatmen, das Gehenlassen ist ebenso Teil der Natur, Teil einer Begegnung mit ihr, wie das Einatmen.

Auf mystische Art und Weise wirkt es dort auf mich beinahe so, als habe die lebendige Erde nicht nur eine Seele, sondern auch einen Herzschlag, der pulsiert, lebendig macht, von Seele zu Seele spricht und flüstert: »Beeil dich nicht. Genieße den Moment mit mir. Alles kommt zu seiner Zeit, alles geht zu seiner Zeit. Und du bist genau jetzt richtig. Dort, wo du bist!«

Was mir nicht nur am Sonnenuntergang in Afrika, sondern ganz generell aufgefallen ist, seit ich mich näher mit der Natur beschäftige, ist Folgendes: Egal wohin man sieht, alles verläuft in Zyklen. In einem von Natur aus gegebenen Rhythmus, der in Wellen verläuft. Alles ist ein Kommen und Gehen. Die Mondphasen, die Tage, die unsere Erde die Sonne umkreist, oder die vier Jahreszeiten, die sich immer wiederholen.

An jedem Tag eines Jahres folgt die Nacht dem Tag, und dem Tag folgt die Nacht. Nach Ebbe kommt Flut, nach hell folgt dunkel, nach Winter kommt Sommer, auf Sonne folgt Regen, oder umgekehrt. Einfach alles in der Natur und auf der Erde ist ein immerwährendes Kommen und Gehen, und wenn man so will, sind wir winzige Punkte in einem riesengroßen Meer, auf dessen zwei großen Wellen wir mitschwimmen dürfen.

Diese zwei großen Wellen repräsentieren für mich die zwei Energien der Natur, die auch in uns wirken. Die aktive und die passive Kraft. Ein Yin und ein Yang. Die Pausen und das Tun. Für mich sind sie wie zwei Seiten einer Waage, die alles im Gleichgewicht halten. Ein Rhythmus, der dazu führt, dass die Natur in Balance bleibt, sich weiterentwickelt und gesund aus sich selbst herauswachsen kann. Er ist wie eine Urkraft, die in allem wirkt, und in Afrika wird mir das besonders klar, denn dort kann er sich – zumindest in gewissen Gebieten – noch frei entfalten.

Alles zu seiner Zeit

Wenn man in Afrika Tiere beobachtet, hat man das Gefühl, sie lägen den ganzen Tag auf der faulen Haut. Überhaupt ist es so, dass ab zehn Uhr morgens gefühlt »tote Hose« in der Wildnis herrscht. Wenn man, so wie ich, aus der »schnellen Welt« kommt, fühlt es sich an, als würde jemand die Notbremse im Schnellzug ziehen, und man denkt: Langsamer geht es wirklich nicht. Aber wenn man sich auf das Tempo einlässt, erkennt man sehr schnell, dass die Tiere dort gar nicht langsam sind, sie machen die Dinge nur zu ihrer Zeit. Sie jagen nicht in der prallen Sonne – denn das wäre nicht die Zeit dazu –, sie jagen dann, wenn es kühl ist, und den Rest der Zeit ruhen sie sich bewusst aus. Sie liegen herum. Sie zelebrieren die aktive Seite, aber auch die passive, und zwar ohne schlechtes Gewissen, dafür aus gutem Grund: Der Rhythmus der Natur schont ihre Ressourcen. Hält sie im Gleichgewicht. Und was das betrifft, sind Tiere extrem energiesparend. Sie bewegen sich meist nur dann, wenn es notwendig ist, den Rest der Zeit nutzen sie, um sich zu erholen, und mir geht es in Afrika ähnlich, denn je länger man in der Natur ist, desto mehr passt sich die eigene Natur ihrem Rhythmus an.

Ein Beispiel, das uns das besonders schön zeigt, wird dort ganz offiziell »Bush-Midnight« genannt. »Bush-Midnight« beginnt um etwa 21 Uhr und ist die offizielle Bezeichnung für gefühlte Mitternacht in der Wildnis, und zwar aus einem einfachen Grund: Wenn man vor Sonnenaufgang aufsteht, um Tiere zu sehen, dann ist man entsprechend müde.

»Bush-Midnight« ergibt sich im Körper automatisch, sobald wir ihm Raum geben, sich natürlich zu entfalten. Es ergibt sich, weil nicht äußere Faktoren den Rhythmus der Natur bestimmen, sondern die Natur selbst.

Und so richten sich auch meine Tage in Afrika irgendwann nicht mehr nach einem straffen Programm, sondern danach, wann Tiere unterwegs sind. Sie richten sich nach den Mondphasen, in denen es entweder Licht gibt oder keines, aufgestanden wird, wenn die Sonne aufgeht, und der Schlaf stellt sich ein, wenn die Nacht anbricht. Alles fließt im Gleichklang mit der Natur, und genau deshalb fließe auch ich nach kurzer Zeit wie die Tiere mit ihr: Manchmal sitze ich eine Stunde einfach nur da und beobachte einen Baum, ohne dass mir dabei langweilig wird. Bin ich müde, schlafe ich. Möchte ich sprechen, spreche ich. Habe ich Hunger, esse ich. Ist mir nach Nachdenken, tue ich das. Die Tage in Afrikas Wildnis sind ein Wechselspiel aus Tun und Pausen. Aus Entdecken und Verarbeiten. Aus Einatmen und Ausatmen. Und das war für mich zu dieser Zeit neu!

Bis zu diesem Punkt, als mich die Natur mit ihrem Rhythmus einhüllt, war ich es gewohnt, eher zu funktionieren, als zu fließen und zu schwingen, weil Tun, Handeln oder Erledigen meinen Rhythmus bestimmen. Ich wusste gar nicht, dass es auch anders gehen kann. Und dass dieses »anders« so viel produktiver und so viel besser und freier ist als das, was ich kannte. Vielleicht geht es dir damit ähnlich?

Unser modernes, zivilisiertes »Midnight« wird nicht vom Rhythmus der Natur bestimmt, es wird meist von einem äußeren Programm festgelegt. Arbeitspausen finden nicht statt, wenn man sie braucht, sondern wenn sie vorgesehen sind. Gearbeitet wird nine to five (wenn man Glück hat), und nicht, wenn man am produktivsten ist. Und südliche Länder werden ganz oft als faul empfunden. Herumliegen wie die Löwen ist irgendwie zurückgeblieben, so wirkt es zumindest. Damit kommt man nicht voran. Es ist zu langsam, wie aus einer anderen Zeit, die heute nicht mehr gemäß ist.

Nie wäre ich also zu Hause auf die Idee gekommen, mich tagsüber hinzulegen wie ein Löwe und vielleicht den Himmel anzustarren, aber heute weiß ich: Genau das wäre oft viel produktiver gewesen als das Tun. Denn nicht nur, dass ich durch diesen natürlichen Rhythmus auf einmal sehr viel mehr Energie in meinem Körper hatte, ich hatte auch sehr viel mehr Ideen. Oft hingen sie wie Äpfel einfach so an dem Baum, den ich gerade anstarrte, und alles, was ich tun musste, war, sie zu pflücken. Wenn man nichts muss, kann man viel mehr. Im Gleichgewicht des eigenen Rhythmus fühlt sich das Leben ganz einfach gut an.

Auch was das Thema Rhythmus und Gleichgewicht angeht, belehrte mich die unberührte Natur Afrikas innerhalb kürzester Zeit eines Besseren. Dieser Rhythmus ist alles andere als zurückgeblieben. Er ist zeitlos. Mehr als das: Er ist die Zeit. Und vor allem wohnt er nicht nur in der Natur, sondern auch in uns selbst. Spiegelt sich in unserem Atem, im Herzschlag, in der Pumpbewegung, im Kreislauf … und macht auch uns selbst zu zyklischen Wesen, wie es bei einem Baum der Fall ist!

Little Lesson

FROM NATURE

WENN DAS LEBEN DICH EINATMET,
ATME ES WIEDER AUS.
DANN BLEIBST DU IM MOMENT.
UND IM MOMENT IST ALLES MÖGLICH.

Die vier Jahreszeiten: der eigene Rhythmus

Wenn wir in diesem Zusammenhang nun wieder einen Blick auf den alten Baobab werfen, dann ist Folgendes zu erkennen: Der Frühling ist ein äußerst wichtiger Bestandteil für das Wachstum eines Baumes. Er gibt die Richtung vor und zeigt die fokussierte innere Kraft. Würde er aber in diesem aktiven Stadium bleiben, seine Kraft immer weiter und weiter so nutzen, würde er nicht bis in das Universum wachsen, er würde vermutlich eher eingehen, ganz einfach, weil dieses Wachstum seine natürlichen Ressourcen übersteigt.

Was ihm hilft, im Gleichgewicht zu bleiben, sind die Jahreszeiten, und genau daraus können wir auch wieder für unsere eigene Natur lernen, was es heißt, in Balance zu sein. Er lebt uns vor, auf Ressourcen zu achten und nicht über sie zu leben, denn auch wir sind von Natur aus zyklische Wesen und können nicht nur konstant in der aktiven Kraft sein. Wir brauchen den Ausgleich, um uns zu entwickeln. Er ist wesentlicher Bestandteil unseres gesunden Vorankommens, und das zeigt sich für mich auf mehreren Ebenen.

Erstens: Der Rhythmus schafft eine Balance zwischen innerer und äußerer Natur, zwischen Seele und Körper. Wir alle wissen: Es ist Teil des Rhythmus der Natur, die Seele im Äußeren zum Ausdruck zu bringen, aktiv zu handeln, wie der Baum im Frühling, aber es ist ein ebenso notwendiger Teil, sich auch wieder zurückzuziehen und das Äußere gehen zu lassen, wenn es an der Zeit ist, damit Neues im Inneren reifen kann.

Zweitens: Er schafft eine Balance in unserem Körper. Auch unsere äußere Natur, unser Körper ist ein geschlossenes Gleichgewicht. Er hat Selbstheilungskräfte und Mechanismen, um ein Gleichgewicht zu schaffen. Ein Beispiel dafür: Bei Fieber schaltet der Körper zurück und zieht die Kräfte dorthin, wo sie gebraucht werden. Er knockt uns bewusst aus, um wieder ins Gleichgewicht zu kommen. Wir tun also gut daran, das Fieber zu respektieren, anstatt es mit Medikamenten zu unterdrücken – das entspricht keiner wissenschaftlichen Meinung, sondern meiner persönlichen Erfahrung.

Drittens: Selbst in unserer Kreativität ist dieser Rhythmus zu erkennen: Ideen reifen zunächst in uns, irgendwann kommt der Moment, in dem sie fertig sind und so – im Frühling – ausgewildert werden können. Anschließend werden sie gegossen, und wenn ihre Zeit reif ist, blühen sie und haben Erfolg, nur um danach wieder abzuklingen. Wir erschaffen sie, aber wir müssen sie auch wieder gehen lassen.

Kein Erfolg oder Misserfolg bleibt für immer. Kein Schritt ist je umsonst. Jedes Stehen und jedes Gehen ist Teil des Vorankommens. Alles hat seine Zeit, und zwar im Rhythmus unserer eigenen Natur, den Jahreszeiten in uns selbst. Auch der alte Baobab ist bestimmt nicht so alt geworden, weil er über seine Ressourcen gelebt hat, sondern mit ihnen. Auch er blüht nur für eine kurze Zeit, der Rest ist die Vorbereitung darauf. Nicht umgekehrt.

Und wenn wir wie er dem Rhythmus der Natur folgen, können wir durch das Leben fließen und auf seinen Wellen surfen!

Der Fluss der Ideen

ERSTENS: DU HAST KEINE IDEEN. IDEEN HABEN DICH.
SIE EXISTIEREN IM MOMENT, UND DAS IST DER GRUND, WARUM SIE DICH NICHT FINDEN KÖNNEN, WENN DU »BUSY« BIST!

ZWEITENS: IDEEN SIND GRÖSSER ALS DEINE GEDANKEN.
TRAU DICH, AUF IHRER GRÖSSE ZU SURFEN!

DRITTENS: WENN DICH EINE IDEE FINDET, FÜHLT ES SICH OFT AN, ALS SEI SIE NICHT VON DIR. DAS IST GUT.
DENN DANN KOMMT SIE AUS DER SEELE, NICHT AUS DEM KOPF. AKZEPTIERE SIE ALS EIN GESCHENK!

VIERTENS: VERGISS NIEMALS DEIN NOTIZBUCH. IDEEN SIND WIE WELLEN. SOBALD SIE DA SIND, GEHEN SIE WIEDER UND VERSCHWINDEN IM FLUSS DES LEBENS.

FÜNFTENS: IDEEN FINDEN IST DIE KUNST DES NICHTSTUNS. KEIN TELEFON CHECKEN. KEIN SPRECHEN. KEINE ABLENKUNG.

SECHSTENS: ES GIBT ZEITEN, IN DENEN DU IDEEN HAST, UND ZEITEN, IN DENEN DU SIE UMSETZT. VERMISCHE DAS NICHT.

SIEBTENS: ECHTE IDEEN KOMMEN NICHT AUS DEM KOPF. SIE KOMMEN AUS DEM HERZEN. DER WILDNIS IN DIR SELBST. DU KANNST DEN UNTERSCHIED NICHT WISSEN, DU KANNST IHN NUR FÜHLEN.

ACHTENS: BRINGE AUSREICHEND ESSEN MIT. SURFEN IST ANSTRENGEND.
IDEEN MACHEN HUNGER.
AUF MEER! (MIT UND OHNE H)

Das Spiel der Wellen im Amazonas

Wenn wir auf den Amazonas schauen, dann können wir erkennen, dass auch er nicht gerade fließt, sondern den Weg nimmt, den er für sich finden kann. Kurve um Kurve, Welle um Welle bahnt er sich den Weg durch den Dschungel. Manchmal ist sein Weg rau, führt vielleicht durch Schluchten, das Wasser fließt schnell und aufgewühlt, und dann wiederum gibt es Passagen, in denen es wirkt, als würde sich nichts bewegen. Denn zu seinem Leben gehören die wilden, aufwühlenden Zeiten ebenso wie die gemächlichen, in denen alles ruhig und gleichmäßig fließt. Er zeigt auf wunderschöne Weise, dass alles fließt, wenn wir dem Rhythmus unserer Natur folgen. Wenn wir auf uns selbst achten, wenn wir auf unsere Seele, aber auch auf unseren Körper hören, und wenn wir mit der Bewegung fließen, die uns das Leben schenkt. Mit seinem Erscheinungsbild lebt er vor, dass nichts ewig bergauf, aber auch nichts ewig bergab geht, aber das ist genau das, was Leben von Natur aus ist: ein Spiel der Wellen.

Nicht umsonst sagen die Schamanen, jene indigene Völker, die im Amazonasgebiet leben, wohl: Blockaden im Körper oder in der Seele entstehen immer dann, wenn wir nicht fließen. Wenn wir nicht hinauslassen, was in uns ist, oder wenn wir nicht bereit sind, weiterzuziehen und Neues zu entdecken. Wenn wir nicht dem Seelenweg im Rhythmus der eigenen Natur folgen, dann stockt das Leben in uns. Es entsteht ein Stau, weil der Fluss des Lebens nicht natürlich durch uns fließen kann. – je höher die Welle, desto stärker die Flut. Das Pendel des Gleichgewichts pendelt immer zurück. Die Natur mag komplex sein, aber ihre Rechnung ist einfach: Wenn eine Seite der Waage zu voll ist, kippt sie und reguliert sich selbst. Wenn der Herzschlag nur mehr eine Linie zeigt, schlägt das Leben in uns nicht schneller, sondern das Gegenteil davon. Gönnen wir der Natur und auch unserer eigenen Natur keine Pause, macht sie die Pause mit uns. Aber je mehr wir uns auf diesen Fluss einlassen, indem wir den Widerstand gegen die Bewegung aufgeben und im Moment sind, desto mehr fließen wir. Desto natürlicher kann sich alles entfalten. Desto leichter und freudiger fühlt es sich an, und alles kann zu uns fließen, was zu uns fließen soll. Dann sind wir in Balance, und die Natur regelt sich selbst.

Auch hier weiß unser »innerer *Suicide Bird*« Bescheid: Was hinaufkommt, kommt auch wieder hinunter, und die Kunst ist es, Instinkte und Intuition so zu nutzen, um den richtigen Moment für beide Bewegungen zu erwischen. Den Wendepunkt für den Rhythmus der Natur nicht zu verpassen, sondern mit ihm durch das Leben zu fließen. Wenn das passiert, reden wir vom Flow. Und ich für meinen Teil kann sagen: Im Flow war ich immer dann, wenn ich nichts kontrolliert habe. Wenn ich meine inneren Ziele zwar vor Augen hatte, aber aufgehört habe, ständig dafür zu kämpfen, und stattdessen mit dem Leben dorthin geflossen bin – auch wenn das oft bedeutet hat, nicht zu sehen, was hinter der nächsten Kurve ist. Die besten Ideen sind dann entstanden, wenn ich nicht krampfhaft versuchte, welche zu finden, sondern erlaubt habe, dass sie zu mir fließen, wenn ich so weit bin.

Es ist also meiner Erfahrung nach diese eine Sache, die wir immer tun können, um in den Fluss zu kommen, und sie lautet: nichts. Denn wenn wir nichts können und nichts müssen, ist alles möglich. Wenn wir nichts tun, können wir dorthin fließen, wo wir landen sollen.

Little Lesson

FROM NATURE

WENIGER IST »MEER«!
HINTER DEN RAUEN WELLEN DES LEBENS
WARTET IMMER AUCH DIE RUHIGE SEE.

Das Nichts ist die beste Phase

Wir sind es gewohnt, uns immer zu zeigen. Denn wenn man in dieser leistungsorientierten Welt im Außen nichts tut ... ja »Wer ist man dann schon?«– eine viel gestellte Frage, die uns Angst macht, uns auf Veränderung einzulassen, ganz einfach, weil wir, wenn wir das tun, die Antwort genau darauf nicht mehr haben und stattdessen das große Nichts darin wartet. Mir ging's da nach Afrika ähnlich – wenn ich das nicht mehr mache, was ich mache, wer bin ich dann?

Was, wenn nichts Besseres kommt? Was, wenn man einen Fehler macht? Was, wenn man für immer verschwunden bleibt? Was, wenn die Welle nie mehr bergauf geht? Verlockende Fragen des Egos und der Glaubenssätze, die wir in uns tragen. Muster, die wir als »normal« empfinden, die aber nicht wahr sind. Denn das Tier, von dem ich am meisten über das Nichtstun gelernt habe, ist der Schmetterling. Er zeigt in voller Pracht, dass gerade jene Zeiten, in denen sich absolut nichts tut, die Zeiten sind, in denen am meisten passiert. Auch hier weiß es die Natur besser: ohne Kokon kein Schmetterling. Ohne Pause nichts Neues. Ohne Winter kein Sommer.

Vor der »Kokon-Phase«, wie ich sie nenne, sollten wir keine Angst haben, sondern sie mit Freude annehmen, denn immer wenn sie da ist, gibt es etwas Neues, das aus unserer eigenen Natur heraus zum Schmetterling werden will. Und wer weiß, vielleicht gilt das ja auch für diese Zeit?

Und würde man den alten Baobab fragen, was ihm dabei geholfen hat, würde er vielleicht mit dem antworten, womit ich das Kapitel begonnen habe: »Es war das magische Zeitfenster, das sich jeden Tag zweimal öffnet und mir im schönsten Verlauf der Sonne vor Augen führt, dass alles im Leben ein Fluss ist. Ein endlos tanzender Rhythmus aus Licht und Schatten. Aus Kommen und Gehen. Ein Spiel der Wellen, dessen Kunst es ist, auf ihnen zu surfen und die Magie im Wechsel der Bewegung zu finden.«

»WIE DU SIEHST, BIN ICH SEHR ENTSPANNT UND AUSGEGLICHEN. DIE WELLEN SPIEGELN SICH SOGAR IN MEINER RINDE. DAS IST KEIN ZUFALL. ICH NEHME ALLES, WIE ES KOMMT. GENIESSE AKTIVE ZEITEN EBENSO WIE PASSIVE. MEIN RAT IST: IMMER WENN DU FESTSTECKST, MACHE DAS GEGENTEIL VON DEM, WAS DU GERADE TUST. WENN DU DICH WIE EIN STEIN FÜHLST, FLIESSE WIE WASSER, UND WENN DU DICH WIE EIN REISSENDER FLUSS FÜHLST, WERDE ZUM STEIN. SCHAFFE DEN AUSGLEICH. SO WIRST DU AUSGEGLICHEN SEIN. UND VERGISS NICHT: IN EINER WELT, DIE IMMER SCHNELLER WIRD, IST LANGSAM OHNEHIN DAS BESSERE SCHNELL!«,

SAGT DIE RUHIGE BAUMSEELE.

Das Verbunden-statt-online-Ritual

NEUMONDWÜNSCHEN

WENN DIE SONNE AUFGEHT,
HINTER DEM HORIZONT ERSCHEINT,
ALLES AUF DER ERDE BERÜHRT
UND IN WARME FARBEN VERWANDELT,
WERDEN AUCH WIR DARAN ERINNERT,
DASS KEINE NACHT FÜR IMMER BLEIBT.
DASS ALLES EIN KOMMEN UND GEHEN IST.
TEIL EINER GRÖSSEREN BEWEGUNG,
MIT DER WIR DURCH DAS LEBEN SURFEN KÖNNEN.

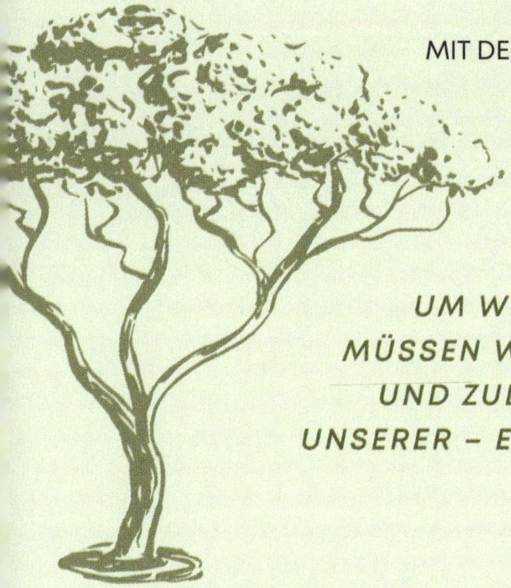

*UM WIEDER IN DEN FLUSS ZU KOMMEN,
MÜSSEN WIR MANCHMAL EINFACH NICHTS TUN
UND ZULASSEN, DASS SICH DER RHYTHMUS
UNSERER – EIGENEN – NATUR FREI ENTFALTEN KANN.*

NUTZE DEN RHYTHMUS DER NATUR BEWUSST. SURFE AUF IHM

Der Mond folgt einem ganz bestimmten Rhythmus: Innerhalb von 28 Tagen nimmt er ab und wieder zu. Zwölf Mal im Jahr findet dadurch ein Neumond statt, und dieser Neumond hat eine besonders starke Neuanfangsenergie, die du für dich nutzen kannst. Das »Neumondwünschen« ist ein sehr altes Ritual, bei dem du deine Wünsche an den Mond abgeben kannst. Am besten funktioniert es 24 Stunden vor oder nach dem Neumond. In diesem Zeitraum ist seine Energie am stärksten.

DER MOMENT, IN DEM DU AUFHÖRST, ÜBER ETWAS NACHZUDENKEN, IST DER MOMENT, IN DEM ALLES KLAR WIRD, WEIL DU AUFHÖRST, DEN FLUSS DES LEBENS ZU KONTROLLIEREN UND DAMIT ZU BLOCKIEREN.

Nimm dir Stift und Zettel oder leg dir ein kleines Buch zu, in dem du all deine Wünsche sammelst – auch ich mache es so. Suche dir einen Ort, an dem du dich wohlfühlst, und mache es dir gemütlich. Wenn du magst, kannst du vor dem Ritual auch kurz meditieren oder räuchern. Wichtig ist nur, dass du bei dir selbst ankommst. Ruhe findest, um deine inneren Wünsche klar und mit guter Energie zu formulieren. Wenn du so weit bist, schreib alle Wünsche auf, die du gerade hast – der Reihe nach oder in Kategorien. Dinge, die dir vielleicht schon länger ein Anliegen sind, oder Probleme, die du nicht lösen kannst. Gib alles an den Neumond ab, was du möchtest, und wirf es sinngemäß in den Fluss des Lebens. Je konkreter du bist, desto konkreter kann sich der Wunsch entfalten. Und als Hinweis aus meiner eigenen Erfahrung: Nicht immer muss ein Wunsch innerhalb eines Zyklus in Erfüllung gehen. Am besten, du denkst während der Phasen überhaupt nicht mehr über deine Wünsche nach oder wartest auf den Tag, an dem sie sich erfüllen, sondern vertraust darauf, dass es zur rechten Zeit passieren wird. Und vergiss nicht am Ende deiner Wünsche »Danke« zu sagen. So suggerierst du, dass es bereits erfüllt ist. Es stärkt dein Vertrauen und sendet starke Energie aus.

DU KANNST DAS MEER NICHT KONTROLLIEREN. ABER DU KANNST LERNEN, AUF SEINEN WELLEN ZU SURFEN. UND WENN DU FLIESST MIT DEM, WAS IST, KANN ZU DIR KOMMEN, WAS SEIN SOLL.

Nutze den Rhythmus der Natur für dich selbst

Im Frühling geht die Welle bergauf: Er steht für Kraft und Energie. Du kannst seine Energie nutzen, um selbst aktiv zu sein.

Im Sommer befindet sich die Welle am Höhepunkt: Er steht für Genuss und Lebenslust. Nutze seine Energie, um ebenso das Leben zu genießen. Um hinauszugehen und da zu sein.

Im Herbst beginnt die Abwärtsbewegung der Welle: Er steht für das Loslassen. Nutze seine Energie, um wieder ein wenig ruhiger zu werden.

Im Winter befindet sich die Welle am Tiefpunkt. Er steht für die Ruhe und Einkehr. Nutze seine Energie, um dich selbst zu erholen.

KEINE PAUSE ZU MACHEN UND GEGEN DEN RHYTHMUS DER NATUR ZU LEBEN IST KEIN SCHNELLERES WACHSTUM, SONDERN RAUBBAU AN DER – EIGENEN – NATUR.

Wo liegen die gesunden Grenzen unserer Natur?

SIEH DICH UM!
DAS IST DEIN REICH.
DEIN KÖRPER, DEINE SEELE.
DEIN RHYTHMUS, DEINE KRAFT, DEINE ENERGIE.
DIE NATUR, SO WIE SIE DICH GESCHAFFEN HAT.
DU BIST DU. MIT ALLEM, WAS DAZUGEHÖRT.
LASS NICHT ZU, DASS DAS JEMAND INFRAGE STELLT.
SEI EIN LÖWE. BLEIBE STARK.
SCHÜTZE, WAS DU LIEBST.
WAHRE DIE GRENZEN, OHNE KOMPROMISSE.
DAFÜR SIND SIE GEDACHT. PAH!

*»WÄRE ES NICHT FAHRLÄSSIG,
DAS NICHT ZU TUN?«,
FRAGT DIE NATUR.*

Die fünfte Etappe der Reise:

Die zwei Löwen

Alles in der Natur hat seine Grenzen. Braucht einen gewissen Raum. Platz zur Entfaltung. Verlangt nach Respekt. Achtet darauf, ihn zu bekommen. Nur so kann alles gemeinsam in Verbindung bestehen. Das Gleiche gilt für die eigene Natur.

SCHRITT FÜNF: WAHRE DEINE GRENZEN. FORDERE SIE EIN.
SETZE SIE SELBST. TRAGE VERANTWORTUNG FÜR DEINE EIGENE NATUR.

In dieser Welt geht mehr und mehr natürlicher Lebensraum verloren. Tiere haben keinen Platz mehr, Pflanzen sterben aus, Ökosysteme brechen auseinander, und auch uns selbst fällt es schwer, Raum für unser Wachstum zu haben. Wir sind leichtfertig geworden im Umgang mit unserer Natur, wahren ihre gesunden Grenzen nicht. Haben den Respekt verloren und übersehen dabei, dass ihr Lebensraum auch unserer ist. Nur wenn die Natur gesund ist, können auch wir es sein. Nur wenn wir gute Energie um uns haben, können auch wir in unserer Kraft sein. Nur wenn wir die Natur schützen, sind auch wir geschützt. Und nur wenn wir unsere eigenen Grenzen wahren, können wir gesund aus uns wachsen. Grenzen zu setzen ist ein Schlüssel zur Verbindung mit unserer Natur. Dadurch entfernen wir das, was schadet, und bekommen Raum für das, was guttut.

WENN DIE GRENZE DEINER NATUR ÜBERSCHRITTEN WIRD, SAG »STOPP«, »NEIN«, »SO NICHT«, »RESPEKT BITTE«! MANCHMAL BRAUCHEN WIR DEN GESUNDEN KONFLIKT ZUM SCHUTZ DES EIGENEN RAUMES.

Was ich von der Natur für meine eigene Natur gelernt habe, ist: Du selbst entscheidest, was du in deinen Lebensraum hineinlässt oder nicht.

Niemand sonst. Welche Gedanken, Informationen, Menschen, Worte, Energie, Nahrung – sie alle werden ein Teil von dir selbst. Wachsen mit deiner Natur mit. Also überlege gut, was dich nährt und was nicht. Mache dir eine klare Liste. Und setze Grenzen zwischen dem einen und dem anderen. Gehe dem Konflikt nicht aus dem Weg. Stehe zu deinen Überzeugungen. Schütze, was dir wichtig ist. Trenne dich von dem, was deiner Natur nicht guttut – deiner Seele und deinem Körper. Stelle deine Bedürfnisse an die erste Stelle. Ärgere dich nicht, sondern verwende das Wort »Nein«. Sprich es laut aus. Sei es dir selbst wert. Sei wie ein Löwe. Übernimm Verantwortung für deine eigene Natur. Sieh »Grenzen ziehen« als Schlüssel für dein eigenes Wachstum.

JEDES NEIN IST EIN JA FÜR DICH SELBST.
SPRICH ES AUS. DENN NIEMAND IST FÜR DEINE
NATUR VERANTWORTLICH AUSSER DU SELBST.

Und sei dir bewusst: Wenn du beginnst, Grenzen zu ziehen, nicht mehr alles mitzumachen, etwas zu sagen, gewissen Dingen deine Energie zu entziehen, dann wird das nicht jedem gefallen. Und daher wird es dir auch nicht immer gelingen. Das ist okay. »Grenzen ziehen« heißt Routine aussetzen und kleine Schritte zu machen. Hier geht es nicht um die großen Würfe, sondern darum, nach und nach den Raum zur eigenen Entfaltung wieder ein wenig zu erweitern und wegzulassen, was davon abhält.

RESPEKT VOR DER NATUR
BEGINNT MIT DEM RESPEKT FÜR DIE EIGENE NATUR.

Reflexion

für die eigene Natur

KANNST DU DEN LÖWEN IN DEINER EIGENEN NATUR SPÜREN?
WOVOR MÖCHTE ER DICH SCHÜTZEN?
IN WELCHEN BEREICHEN MÖCHTE ER DIR RAUM GEBEN?
WAS GIBT DIR ENERGIE, UND WAS NIMMT SIE DIR?

DIE ZWEI LÖWEN
ODER AUCH: DIE GRENZEN DER NATUR

»Was immer den Tieren geschieht – geschieht auch den Menschen. Alle Dinge sind miteinander verbunden. Was die Erde befällt, befällt auch die Söhne und Töchter der Erde.«
HÄUPTLING SEATTLE

Wir sind rund zwei Stunden unterwegs und haben nicht viele Tiersichtungen, als unser Guide entscheidet, von der Straße in den Busch abzubiegen. Die Autos dort halten das aus. Unser Rücken auch, irgendwie.

Von Strauch zu Strauch rumpeln wir im Fußgängertempo durch das grüne Dickicht von Afrika, als auf einmal eine Gruppe Löwen vor uns steht. Wir sind mitten in ein Rudel geraten und können unser Glück kaum fassen. Doch schon kurz nachdem die ersten Glückshormone wieder zurückgegangen sind, merken wir auf einmal, dass etwas nicht ganz stimmt. Ein Junges torkelt benommen herum, humpelt durch die Gegend. Die Mutter ist nervös, und schnell wird uns klar: Wir kommen nicht zur idealen Zeit. Deshalb versuchen wir, uns besonders ruhig zu verhalten. Doch auf einmal passiert etwas, was nicht passieren sollte: Das Junge mit dem Schlangenbiss torkelt hinter unser Auto, ist für die Mutter nicht mehr zu sehen, und wir stehen mitten in der Schusslinie. Es gibt nicht viele Regeln im Busch, aber eine davon lautet: Gerate nie zwischen Mutter und Kind!

Prompt fixiert die Löwin unser Auto und beginnt, langsam auf uns zuzukommen. In so einem Moment arbeitet der Körper instinktiv: Das Reptiliengehirn übernimmt die Führung. Adrenalin schießt nach oben, das Herz beginnt schneller zu schlagen und der Atem zu stocken.

Von dem gleichmäßigen Rhythmus der Natur merke ich nicht mehr allzu viel in mir. Immerhin sitze ich genau auf der Seite, wo die Löwin ist. Einen langsamen und entschlossenen Schritt nach dem anderen kommt sie direkt auf uns zu, und ich sehe genau in ihre klaren, selbstbewussten Augen. Ihren Beschützerinstinkt kann ich in mir fühlen, während ich auf einmal ganz leise einen Ranger zum Guide am Steuer des Autos sagen höre: »Fahr!« Ein weiterer Guide dreht sich zu uns um und sagt sehr bestimmt: »Bewegt euch nicht!«, und der Fahrer antwortet leise: »Ich kann jetzt nicht fahren. Geben wir ihr ein wenig Raum…«

Was war passiert?

Wir hatten die natürliche Grenze der Tiere überschritten und waren in ihren Lebensraum geraten. Wir kamen den Tieren ganz einfach zu nahe, stressten sie und schufen so unabsichtlich eine unangenehme Situation.

An dieser Stelle darf ich die Spannung auflösen: Das Junge torkelte wieder hinter dem Auto hervor, und wir konnten langsam wegfahren, um den Löwen wieder mehr Raum zu geben. Sobald wir das taten, entspannte sich die Situation – und genau das führt mich jetzt direkt zu mir selbst.

Als ich von Afrika nach Hause kam, war ich voller Energie und hatte kaum körperliche Probleme, war innerlich und äußerlich total im Gleichgewicht, und das in so kurzer Zeit. Es fasziniert mich heute noch, welche Regenerationskräfte in unserer Natur wohnen, wenn wir ihr Raum geben, sich zu entfalten. Aber dann plötzlich, nach einem Monat, kam alles wieder. Die Regeneration war dahin. Was war passiert?

Es ist die gleiche Antwort wie bei den Löwen. Ich hatte meine Grenzen überschritten, und das offenbar jahrelang – nur dass es mir nach Afrika das erste Mal aufgefallen ist. Denn dank meiner Erfahrung vor Ort wusste ich von da an, dass es einen Zustand gibt, der mich im Gleichgewicht sein lässt, und einen, der mich aus dem Gleichgewicht bringt – nur waren mir die Parameter dafür noch nicht so ganz klar. Also begann ich damals, sehr genau hinzusehen und in mich hineinzuspüren, was ich brauchte, damit ich auch zu Hause bei mir in der schnellen Welt in harmonischer Verbindung mit mir selbst stehen könnte; ob es möglich war, auch hier im Gleichgewicht zu sein. Ich tat das Gleiche wie bei den Löwen, trat einen Schritt zurück, gab meiner Natur Raum, und erstaunlicherweise stellte sich sehr schnell ein Muster heraus: Immer dann, wenn ich nicht bei mir war, wenn ich nicht tat, was mich im Inneren wirklich begeisterte, wenn ich nicht meinem Rhythmus folgte und wenn ich nicht bei mir selbst blieb, wurden die Probleme stärker. Und wenn ich versuchte, zu Hause den Zustand von Afrika nachzustellen, mich abzugrenzen von der lauten Welt und allem, was auf mich einwirkte, und wenn ich meine natürlichen Grenzen wahrte, passierte etwas Erstaunliches: Die Probleme verschwanden wieder. Einfach so. Der Stress nahm ab, und meine Natur regelte innerlich das Gleichgewicht von selbst.

Und so war dieses Erlebnis in Afrika mit den Löwen ein besonders Wichtiges für mich, weil es mir ein weiteres, unglaublich bedeutendes Thema der Natur vor Augen geführt hat, so wichtig für mich selbst und unsere Zeit. Und zwar das Thema Grenzen und damit Schutz der – eigenen – Natur.

Little Lesson

FROM NATURE

ACHTE AUF DEIN REVIER! DENN NUR WENN DU FÜR DICH RESPEKT HAST, WIRST DU IHN AUCH FÜR ANDERE AUFBRINGEN KÖNNEN.

Dein Revier ist dein Revier!

Wenn man in die Natur sieht, dann ist zu erkennen: Jedes Tier hat sein Revier. Jedes Tier hat seine natürlichen Grenzen, seinen eigenen Lebensraum, den es braucht, um seiner Natur gemäß zu leben. Es sorgt dafür, dass die eigenen Ressourcen gewahrt werden. Und übertritt jemand diese Grenze oder kommt zu nahe, dann wehren sich die Tiere. Sie sind nicht böse, sondern handeln zum eigenen Schutz und zum Schutz ihrer Kinder.

Ein Baum hat natürlich kein Revier, er greift nicht an, wenn wir ihm zu nahe kommen, aber dennoch hat auch er gesunde Grenzen. Seine Wurzeln brauchen einen gewissen Raum, um sich zu entfalten. Er braucht Platz, sowohl unter der Erde als auch über der Erde, um überhaupt wachsen zu können.

Peter Wohlleben erzählt dazu in seiner Dokumentation *Das geheime Leben der Bäume*, dass Bäume nicht sehr alt werden, wenn ihre Wurzeln zu klein sind, sie zum Beispiel zurückgestutzt werden, wie das oft bei Bäumen in der Stadt der Fall ist. Dann sterben sie früher als andere.

Wir selbst würden nicht auf die Idee kommen zu sagen, dass auch wir ein gewisses Revier haben, doch auch bei uns ist es so. Auch unsere Natur hat natürliche Grenzen, die sie braucht, um sich gesund entfalten zu können. Wir spüren sie immer dann, wenn wir sie überschreiten.

Was wir zu diesem Thema bei den Löwen und an einem Baum erkennen können, das können wir auch wieder für unsere eigene Natur lernen: Alles in der Natur hat natürliche Grenzen. Diese Grenzen sind keine Option, sie sind notwendig. Denn wir wissen aus unserem eigenen Alltag: Wir können nicht aus uns selbst wachsen, wenn wir ganz einfach keinen Platz dafür haben; wenn der Raum fehlt, weil viel zu viel im Außen auf uns einwirkt und das eigene gesunde Wachstum aus der Seele heraus, wenn man so will, mit Unkraut überwuchert wird, und genau das ist jetzt ein sehr wichtiger Punkt.

Ein Bewusstsein über Wurzeln, Wachstumskraft, Rhythmus und Ressourcen der eigenen Natur zu haben – das ist eine wesentliche Voraussetzung, um überhaupt in Verbindung mit der eigenen Natur stehen und aus sich heraus wachsen zu können. Aber wenn dabei die Grenzen der eigenen Natur nicht aktiv gewahrt werden, dann nützt das alles nichts. Genau dann gerät man nämlich nach einer Pause, einer Auszeit oder einem Urlaub immer und immer wieder in denselben Teufelskreis, fühlt sich darin gefangen und sieht den Ausweg nicht.

Von mir selbst weiß ich: Es ist einfach, in Afrika mit der Natur verbunden zu sein, weil wenig auf einen einwirkt, aber zu Hause im eigenen Alltag ist das oft sehr schwer und dafür umso wichtiger. Ich würde sogar sagen, es ist ein essenzieller Schritt und so etwas wie die erste kleine Prüfung für einen selbst. Denn zu Hause muss man die Grenzen selbst ziehen, auf seine Bedürfnisse achten und die Verantwortung dafür übernehmen. Wie bei den Löwen ist es unsere eigene Aufgabe, unser Revier zu wahren – auch in der modernen Welt!

Die zwei Löwen

Es gab ein weiteres Erlebnis zu diesem Thema in Afrika, das augenöffnend für mich war. Wir kamen zu einem Baum, um den in etwa fünfzehn Safari-Autos mit unzähligen Menschen standen. Erst erkannten wir nicht, was los war, aber dann fiel uns auf, dass sich mitten im Baum ein Leopard befand.

Wir waren das einzige Auto, das weiter wegblieb und das das Geschehen aus der Ferne beobachtete. Wir gaben dem Leoparden Raum, im Gegensatz zu den anderen Zuschauern, aber das Schlimme dabei war, dass der Leopard diese Art von Kontakt offenbar gewohnt war. Denn obwohl die Autos eindeutig in seinem Revier waren und ihm zu nahe kamen, duldete er das Schauspiel und fand seinen Weg mitten durch die Autos.

Es ist mit Sicherheit ein tolles Erlebnis, einem Leoparden so nahe zu sein, aber es hat nichts mehr mit Respekt vor dem Tier zu tun. Es hat nichts mehr mit den gesunden Grenzen zu tun, sondern mit Grenzüberschreitung – mir ist an diesem Erlebnis bewusst geworden: Auch in der modernen Welt haben wir heute diese Safari-Autos um uns, die uns permanent anstarren und unserer Natur wenig Lebensraum geben. Wäre ich der Leopard, dann würde ich den Safari-Autos diese Namen geben: Leistungsdruck, Erwartungen, Dauerbeschallung, Informationsflut, Reize, Konsumdruck, Status, rationale Ansichten, Messbarkeit, Vergleiche, Perfektionismus, Schönheitsideale, Performancedruck, ständige Erreichbarkeit, Hunderte Nachrichten pro Tag, künstliche Lebensmittel und, und, und.

Diese Safari-Autos begleiten uns jeden Tag auf Schritt und Tritt; sind morgens schon da und gehen abends mit uns schlafen. Sie verfolgen uns, starren uns an, und wir spüren diesen Druck. Wir versuchen, einen Weg durch sie zu finden, und das schaffen wir auch. Wie der Leopard haben wir nämlich gelernt, mit ihnen zu leben, und genau so sind sie für uns normal geworden, wirken ständig auf uns ein. Wir unterscheiden nur eher selten, ob sie uns guttun oder nicht. Wir dulden sie ebenso wie der Leopard, oder nennen wir es dulden »müssen«, aber wir verhalten uns nicht wie Löwen, die ihre gesunden Grenzen wahren, sondern lassen zu, dass die Grenzen unserer Natur einfach selbstverständlich überschritten werden.

Nicht nur von den zwei Löwen, dem Leoparden, sondern auch von der Natur des alten Baobabs können wir dazulernen: Grenzen sind deshalb so wichtig, weil sie dabei helfen, unsere Natur zu schützen. Sie schaffen Freiraum, Luft zum Atmen und halten den Stress fern. Sie helfen uns dabei, in unserer Kraft zu sein. Wie bei den Löwen haben Grenzen für mich nichts mit Kampf zu tun, sondern im Gegenteil mit Selbstrespekt und Selbstwert. Wenn wir Grenzen schaffen, schaffen wir Raum. Wir gewinnen Abstand zu solchen Vorstellungen, die nicht unsere sind; zu den Begrenzungen, die übernommen wurden, obwohl sie nicht unsere Wahrheit sind.

»Grenzen ziehen« heißt für mich nicht Abwehr, sondern Wertschätzung der eigenen Natur gegenüber. »Grenzen ziehen« heißt, auf das Innere zu hören, und nicht nur auf das Außen. Es heißt, die Seele, den Körper, den eigenen Rhythmus, den eigenen Lebenssinn ernst zu nehmen und sich entsprechend von dem abzugrenzen, was diese unsichtbare und unantastbare Linie überschreitet – von allem, was unsere Wurzeln stutzt!

Und auch wenn sich solche Grenzüberschreitungen manchmal so anfühlen, als seien sie übermächtig oder unüberwindbar: Für unsere Abgrenzung dagegen braucht es keine Erlaubnis. Unser Revier ist unser Revier. Unser Wert ist unser Wert. Unser Platz auf der Erde ist unser Platz, und darüber geht nichts.

Wie die Löwen haben wir ein Recht, das einzufordern. Wir haben ein Recht darauf, den Wert unserer Natur zu wahren. Wir haben ein Recht auf gesundes Wachstum aus uns selbst heraus, und auch die Natur und die Tiere haben ein Recht auf ihren Lebensraum – einen Lebensraum, der nicht aus Zoos besteht, aus Zäunen und Grenzen; einen Lebensraum, der nicht aus endlosen Plantagen, Monokulturen … besteht, sondern einen Lebensraum – eine Wildnis –, der vielfältig ist und Raum lässt, die eigene Natur zu leben.

Und auch wenn in dieser Welt, und auch immer wieder in uns selbst, zwei Löwen gegeneinander kämpfen (der eine, der auf Verbindung, Wertschätzung und Respekt basiert, und der andere auf dem Gegenteil), haben wir doch die Wahl: Wir selbst können unsere Perspektive wählen, indem wir eine Grenze zur anderen ziehen. Respekt vor der Natur beginnt im Respekt für die eigene Natur. Wie man etwas tut, so tut man alles. Und was wir nicht wollen, dass es uns passiert, das sollten wir auch nicht der Natur antun.

Am Ende gewinnt nämlich nie der Löwe, der am lautesten schreit, sondern der stärkste Löwe: Es gewinnt der Löwe, den wir selbst füttern!

Wie fühlt es sich an, »Du« zu sein?

»HÖR NIE AUF, DAS ZU FRAGEN!
WENN DU IN DEN ZOO GEHST,
WENN DU ETWAS KAUFST,
WAS DER ERDE NICHT GUTTUT,
WENN DU SIEHST,
WIE DIE NATUR AUSGEBEUTET WIRD,
ODER MENSCHEN, DIE MIT SICH SELBST KÄMPFEN.
WENN DU DICH MORGENS SELBST IM SPIEGEL
SIEHST – FRAGE STETS: WIE IST ES, »DU« ZU SEIN?
UND WENN DU FRAGST, FRAGE MIT LIEBE.
HABE RESPEKT. IMMER.
EGAL WIE, EGAL WO, EGAL WANN.
BEGINNE BEI DIR SELBST!«,

SAGT DIE NATUR.

Ein einfaches Wort

Es gibt für mich ein simples Wort, das unsere Natur schützen kann: Es lautet »Nein«. Dieses Wort hat eine Kraft – wie das Gebrüll eines Löwen, denn ein »Nein« zu etwas ist vor allem eines: ein »Ja« zu sich selbst. Es auszusprechen heißt, von seinen Grenzen Gebrauch zu machen. Es heißt, nicht mehr dieser eine Leopard zu sein, der alles duldet, sondern zur Löwin zu werden, die in Verbindung mit ihrer eigenen Natur handelt, ihr Revier und damit das ihrer Kinder schützt.

Für mich ist die Erde auch so ein Revier, denn unsere Kinder brauchen sie noch. Ich finde: Nicht nur wir selbst, nicht nur Tiere, nicht nur Pflanzen haben ein »Nein« verdient, sondern auch all jene, die noch in der Zukunft sind.

Also: »Nein«. Nein, ich kaufe keine Produkte mehr, für die der Regenwald abgeholzt wird. Nein, ich kaufe keine Milch mehr, für die der Mutterkuh das Baby weggenommen wird. Nein, ich kaufe keine Kosmetikprodukte mehr, für die Tierversuche gemacht werden. Nein, ich lese keine schlechten Nachrichten mehr. Nein, ich muss nicht immer gleich antworten. Nein, ich muss mich nicht mit Menschen umgeben, die mir nicht guttun. Nein, ich muss nicht tun, was mir keine Freude macht, denn ich kann einen Teil meiner Zeit bewusst für Freude nutzen. Nein, ich brauche keine 365 Tage im Jahr Ananas. Nein, ich esse keine Lebensmittel mehr, die voll mit Chemikalien sind, denn ich weiß jetzt, das tut meinem Körper nicht gut …

Und »Ja«: Ich wahre sowohl die Grenzen der Natur als auch die meiner eigenen, denn ich weiß jetzt: nur wenn es der Natur gut geht, kann es auch mir gut gehen. Sie zu schützen schützt auch mich – »*Was immer den Tieren geschieht, geschieht den Menschen!*« –, und darum entscheide ich mich für den Löwen, der aus Verbindung handelt und nicht aus Trennung. Ich sage Ja zu ihm und Nein zum anderen.

Und könnte der alte Baobab sprechen, würde er uns jetzt vielleicht mit einem seiner starken Äste sanft auf die Schulter klopfen und sagen: »Gut gebrüllt!«

Was, wenn ich nicht »Nein« sagen kann?

»LERNE ES.
NEIN. ERLAUBE ES DIR.
NIMM DAS ›NEIN‹ IN DEN ARM.
LEGE ES UM DICH. STEH DAMIT AUF.
UND GEHE WIEDER DAMIT SCHLAFEN.
ZIEHE EINE WARME GRENZE DAMIT.
HÜLLE DICH IN SEINEN MANTEL.
LASS ES BEI DIR SEIN.
UND SEINEN RESPEKT AUS DIR STRAHLEN –
SO, DASS ES ANDERE ANSTECKEN KANN.
SO, DASS ALLE SEHEN,
WIE WERTVOLL ES IST«,

SAGT DIE NATUR.

»WIE DU SIEHST, TEILEN WIR UNS DEN
LEBENSRAUM.
STEHEN HIER GEMEINSAM.
VEREINT, ABER DENNOCH MIT
AUSREICHEND PLATZ.
SOLANGE WIR RESPEKT UND
WERTSCHÄTZUNG FÜREINANDER
HABEN, IST DAS KEIN PROBLEM«,

SAGT DER ZWILLINGSBAUM.

Das Verbunden-statt-online-Ritual

DER YIN-MORGEN

WENN DIE LÖWEN DURCH DIE WILDNIS STREIFEN,
MIT IHREN JUNGEN DURCH DAS GRAS WANDERN,
DEN ORT BEWOHNEN, IN DEM SIE ZU HAUSE SIND,
UND DIE LEOPARDEN MIT IHREN MAJESTÄTISCHEN AUGEN
IHR REVIER BEWACHEN,
DANN WERDEN AUCH WIR DARAN ERINNERT,
DASS ALLES EINE GESUNDE GRENZE HAT.
UND DASS DIESE GRENZE NICHTS SCHLECHTES IST,
SONDERN DAZU DIENT, UNSERE NATUR ZU SCHÜTZEN.

UM WIEDER RAUM ZUR ENTFALTUNG ZU HABEN, MÜSSEN WIR MANCHMAL EINFACH »NEIN« SAGEN UND EINE GESUNDE GRENZE FÜR UNSERE – EIGENE – NATUR ZIEHEN.

SETZE KLEINE GRENZEN.
SEI ES DIR WERT!

Du kannst den Tag damit beginnen, die Augen zu öffnen, auf das Handy zu starren, die To-do-Liste im Kopf durchzugehen und dir innerhalb weniger Sekunden fremde Energie hereinzuholen, schlechte Nachrichten oder verzichtbare Informationen. Du kannst damit beginnen, ins äußere Machen und Tun zu gehen und damit letztendlich ins unbewusste Stressen – oder aber: Du startest mit dem »Yin-Morgen« und erlaubst es dir, den Tag mit dir selbst zu beginnen. Setze kleine Grenzen, die dir Raum schaffen, indem du dich jeden Morgen als Erstes fragst: *Was brauche ich heute? Worauf habe ich Lust? Und nicht: Was muss ich?*

DER MOMENT, IN DEM DU DICH ABGRENZT, IST DER MOMENT, IN DEM DU WIEDER MEHR PLATZ FÜR DEINE EIGENE NATUR HAST.

Du kannst den »Yin-Morgen« damit beginnen zu lesen, kurz zu meditieren, kleine Übungen für deinen Körper zu machen oder einfach nur gemütlich zu frühstücken. Wichtig dabei ist nur, die Aufmerksamkeit auf dich zu lenken; auf das, was du selbst brauchst. Und seien es für den Anfang nur fünf Minuten täglich. Es sind die wichtigsten Minuten, die du bekommen kannst, und ich sage dir auch weshalb: Die Yin-Energie ist nach innen gerichtet, nicht nach außen so wie das Yang. Sie ist keine Macherin, sondern dafür zuständig, dass du in dir selbst landest und langsamer bist, als die Welt es von dir erwartet; dass du in deinem von Natur gegebenen Rhythmus den Tag beginnst und dich abgrenzt von allem, was dich davon abhält.

GRENZEN GIBT ES NICHT NUR SICHTBAR, SONDERN AUCH UNSICHTBAR. ÜBERNIMMST DU VERANTWORTUNG FÜR DEINE ENERGIE, WIRST DU MEHR DAVON HABEN.

Der Yin-Morgen ist deshalb besonders wichtig, denn so, wie du den Rhythmus für den Tag setzt, so wird er auch sein. So, wie du deine Energie am Morgen gestaltest, so begleitet sie dich durch den Tag. Auch wenn es in der heutigen Zeit oft schwer zu glauben ist: Du bist nicht so ausgeliefert, wie du denkst. Wie sich deine Energie gestaltet, wie sehr du deine Grenzen wahrst – das kannst du selbst gestalten, und zwar, indem du dich von dem löst, was von außen auf dich einwirkt, und indem du dir Raum schenkst, um auf dich selbst hören zu können.

WENN DU ES NICHT ERLAUBST, KANN NIEMAND DEINE GRENZE ÜBERSCHREITEN. DU BIST HERR ÜBER DEINE ENERGIE.

Ich habe damals am »Yin-Morgen« ganz einfach damit begonnen, jeden Tag fünf Minuten zu lesen, anstatt auf mein Handy zu starren. Ich habe mich mit solcher Energie umgeben, die mich inspiriert und genährt hat, und nicht umgekehrt. Mit der Zeit ist eine volle Stunde daraus geworden; eine Stunde, in der ich die Energie so gestaltet habe, wie ich es wollte, genau das verändert alles für den ganzen Alltag. Und noch ein Tipp: Lege dir eine Liste an mit allem, was dich nährt, und allem, was dir Energie entzieht. Frage dich einfach: Fühle ich mich danach etwas besser oder nicht. Versuche nach und nach wegzulassen, was dir nicht dient. Egal ob es Gedanken, Handlungen, Menschen … sind, und füttere stattdessen den guten Löwen in dir!

Welche Schatten lauern in unserer Natur?

LOS, SIEH MICH AN.
SCHAU MIR TIEF IN DIE AUGEN.
SCHAU HINAB IN DEN SCHATTEN.
IN DIE DUNKELSTE ECKE.
SIEH DAS SCHWARZE MEER.
WAS SOLL SCHON DAHINTER SEIN?
IST ES NICHT DAS LICHT?
BIST DU ES NICHT NUR SELBST?

»WOVOR SICH ALSO VERSTECKEN?«,
FRAGT DIE NATUR.

Die sechste Etappe der Reise:

Die Schattenseite des Lichts

In der Natur herrscht Polarität. Sie hat nicht nur helle Seiten, sondern auch dunkle Ecken, die gefährlich sind, rau und brutal. Schatten ist Teil von ihr. Angst ein ständiger Begleiter. Nicht nur gefährlich, sondern auch ein Motor für Entwicklung. Und so ist es auch BEI UNSERER eigenen Natur.

SCHRITT SECHS: LAUF NICHT WEG VOR DER ANGST. BLEIB STEHEN. STELL DICH DEM SCHATTEN. AKZEPTIERE IHN ALS TEIL DEINER NATUR.

In dieser Welt ist es üblich geworden zu kompensieren, in Ablenkung zu flüchten, wegzusehen, etwas zu bekämpfen. Aber wir haben verlernt, stehen zu bleiben und bewusst mit Ängsten umzugehen. Uns den Schatten in uns selbst, aber auch im Außen zu stellen: den Krisen der Natur, dem maßlosen Umgang mit allem, den dunklen Seiten dieser Welt. Genau das ist es, was lähmt, unfrei macht, davon abhält weiterzugehen, etwas zu verändern und ins Positive zu verwandeln. Egal wie stark wir tun, jeder von uns hat Ängste und dunkle Flecken. Und das ist okay.

In Wahrheit sind sie nur ein Teil unserer Natur, der uns beschützen will. Schneiden wir uns von ihnen ab, schneiden wir uns auch von der Möglichkeit ab, sie in Licht zu verwandeln. Und das gesamte Potenzial unserer Natur zu leben.

WENN DIE ANGST GROSS IST UND DER SCHATTEN DUNKEL, LAUF NICHT WEG. SAG: »HALLO, WIE GEHT'S? BRAUCHST DU EINEN FREUND? ICH KANN ES SEIN!« MANCHMAL MÜSSEN WIR NUR TIEFER IN DEN SCHATTEN BLICKEN, UM DAS LICHT DARIN ZU FINDEN.

Was ich von der Natur für meine eigene Natur gelernt habe, ist: Wenn du Angst hast, akzeptiere es. Wenn du das Gefühl hast, den Weg nicht mehr zu sehen, nimm es an. Wenn die ängstliche Stimme in deinem Kopf groß wird, sage ihr, sie darf da sein. Flüchte nicht vor ihr. Bekämpfe die Angst nicht. Im Gegenteil: Sieh hin. Mit offenen Augen. Und mutigem Herz. Frag die Angst, was sie dir zu sagen hat. Hör ihr zu. Ehrlich. Nimm sie in den Arm. Gib ihr Zuckerwatte und eine warme Tasse Tee. Schenk ihr die Liebe, die sie nie hatte. Sag der Angst, dass sie keine Angst haben muss. Umarme sie. Gib ihr ein Zuhause in dir. Endlich. Stelle so fest, dass sie oft gar nicht real ist, sondern nur im Kopf existiert. Dich beschützen will. Lass sie sich auf diese Weise verwandeln. Schaue in den Spiegel und beginne mit Liebe zu akzeptieren, was du siehst. Und dann gehe hinaus und sei nicht nur stark, sondern auch verletzbar. Gehe Hand in Hand mit deinem Schatten – und deinem Licht. Und lass beides zu deiner Stärke werden.

VERLETZBARKEIT IST DEINE GRÖSSTE STÄRKE.
DENN HINTER DEM SCHATTEN IST IMMER DAS LICHT.

Und sei dir bewusst: Je mehr Angst du hast, desto näher bist du deinem Potenzial, der Wildnis in dir, und weißt: Da geht es hinaus. Da wartet der Weg – das Abenteuer. Da ist alles, was dich davon abhält, dein Leben lauwarm zu leben. Je größer die Angst, desto größer das Potenzial für Wachstum.

DEIN GLÜCK STEHT UND FÄLLT MIT DEM GRAD, OB DU DEINE ERFAHRUNGEN ANNIMMST ODER NICHT. OB DU DICH IN DAS ABENTEUER DES LEBENS WAGST ODER DAS LEBEN HALB GAR GESTALTEST.

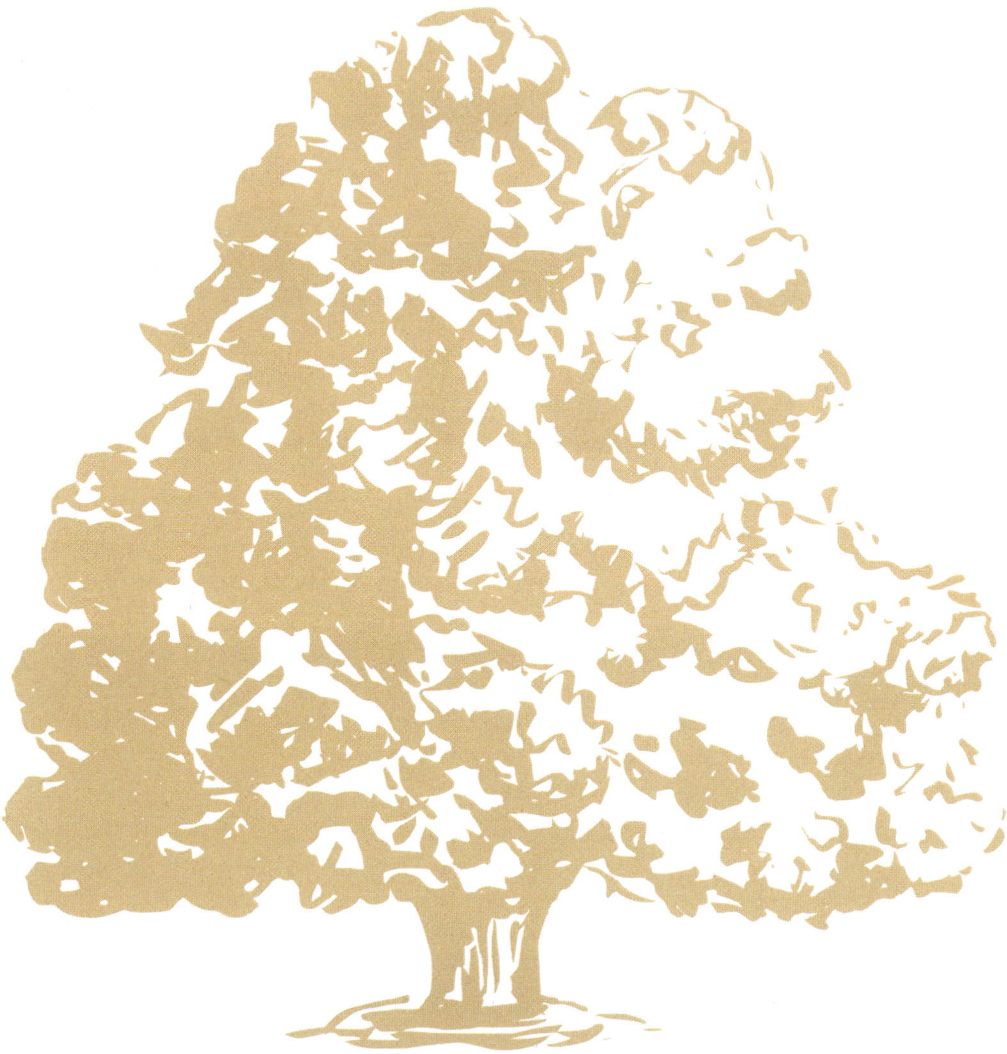

Reflexion

für die eigene Natur

WELCHE SCHATTEN BRAUCHEN DEIN LICHT – IN DIR SELBST ODER IN DIESER WELT? WOVOR LÄUFST DU DAVON? WO GILT ES, NOCH TIEFER EINZUTAUCHEN? HINTER DIE KULISSEN ZU SEHEN? WELCHE ÄNGSTE ZEIGEN DIR DEN WEG ZUM POTENZIAL DEINER NATUR?

DIE SCHATTENSEITE DES LICHTS
ODER AUCH: DIE ANGST DER NATUR

»What if I fall? Oh, but my darling, what if you fly?«

ERIN HANSON

Es sind rund 45 Grad. Wir sind seit fünf Uhr morgens wach und laufen seit Stunden durch den afrikanischen Busch. Diesmal ohne Auto, ohne Sicherheitspuffer. Roh und pur.

Wir gehen zu Fuß, denn ich bin auf einer Walking Safari. Das heißt, man begegnet wilden Tieren auf Augenhöhe, begibt sich in ihr Revier, macht sich so angreifbar.

Auch wenn es so aussieht, als wären überall nur Büsche und Gras, muss man damit rechnen, dass hinter jedem von ihnen ein wildes Tier sein kann. Man darf sich nie in Sicherheit wiegen und überheblich denken, man hätte die Kontrolle oder wäre der Stärkere. Sich so zu Fuß in der Wildnis zu bewegen rückt die Perspektive in einem selbst wieder gerade, denn dort hat die Natur das Sagen, und wenn man sich nicht daran hält und sich überschätzt, dann war es das.

Vor mir sind zwei Trail-Guides, die Spuren lesen und uns durch die Wildnis leiten. Es ist unfassbar faszinierend, welche Skills sie besitzen. Wie sie aus den kleinsten Hinweisen in der Natur lernen, ihren Weg sicher durch die Gefahr zu finden.

Dabei sprechen sie kein Wort, auch wir nicht. Niemand darf etwas sagen. Wir müssen lautlos sein, wie die Tiere; lernen, wie sie zu denken; lernen, sich wie sie zu bewegen.

Die zwei Trail-Guides geben einander Zeichen, minimale Bewegungen mit Händen, Augen, Körper; analysieren jeden Grashalm, erkennen an der Richtung ihrer Biegung, welchen Weg ein Tier genommen hat, und können so auch ihren eigenen Weg finden. Während ich müde von der Hitze nur noch intuitiv einen Schritt vor den anderen setzen kann, sind die beiden Guides hoch konzentriert. Ihre Sinne, ihr Körper, alles in ihnen ist präsent. Sie sind verbundener mit sich selbst und ihrer Umgebung, als ich es je bei einem Menschen gesehen habe, wissen ihren Weg zu finden und setzen vollkommen bewusst einen Schritt nach dem anderen. Sie kennen die Gefahr, machen sich verletzbar, haben aber haben Angst, denn sie vertrauen sich selbst. Wissen um ihre Stärken genauso wie um ihre Schwächen. Und so fühlen auch wir uns sicher.

Das Ziel unserer Spurensuche ist übrigens ein Nashorn. Wir verfolgen es seit Stunden und finden Abdrücke, angeknackste Büsche und Kot – doch leider verpassen wir es immer ganz knapp. Stets ist es uns einen Schritt voraus, und irgendwann überquert es die unsichtbare Grenze zwischen Südafrika und Simbabwe, die wir nicht überschreiten dürfen.

Als wir zu Mittag erschöpft ins Camp kommen, frage ich einen Trail-Guide, wie es sein kann, dass so viele Nashörner illegal getötet werden, wo sie doch so schwer zu finden sind.

Der Guide erzählt von einem Kerl, der »The Socks« genannt wird. »The Socks« ist in der Nacht im Busch mit Socken unterwegs, damit man seine Spuren nicht lesen kann. Er bewegt sich fast unsichtbar. Lautloser als ein Tier – nicht zu fassen. Und der Trail-Guide erklärt uns auch, dass die meisten Nashörner bei Vollmond gewildert werden. Der Grund ist das Licht. Bei Dunkelheit ist es fast unmöglich, in der Wildnis zu sein, aber wenn der Mond schön hell vom Himmel strahlt, dann leuchtet er den Weg. Er leuchtet auf die Erde, und damit nicht nur für das Gute. Sondern auch für das Gegenteil davon. Und der Grund, warum ich davon erzähle: Die Spurensuche nach dem Nashorn hat mich etwas Weiteres über meine eigene Natur gelehrt, nämlich: Wo das Licht ist, ist immer auch der Schatten. Wo wir uns auf das Abenteuer des Lebens einlassen, ist auch immer die Gefahr mit dabei. Dort, wo das Licht unserer Seele scheint, dort ist auch die Angst unterwegs. Auch sie ist ein Teil unserer eigenen Natur. Und beides, Licht und Schatten, ist untrennbar miteinander verbunden.

Willkommen auf der dunklen Seite der Wildnis

Gerne erzähle ich von den schönen Seiten in Afrika, von den Erlebnissen mit Tieren und von dem wunderbaren Gefühl, ohne Zaun in der Wildnis zu übernachten, Haut an Haut mit der Schönheit der Natur, und auch mit all ihren Gefahren.

Ich berichte auch am liebsten davon, wie toll es ist, seinen Weg zu gehen, aus sich selbst herauszuwachsen, denn ja, darum geht es. Es ist aufregend und unberechenbar. Es ist ein Abenteuer, wie die Wildnis selbst. Und ich beschreibe das »Grenzenziehen« als unglaubliche Befreiung, denn ja, so habe ich es an mir selbst gefühlt. Aber nur bei dieser Version zu bleiben wäre nur die halbe Wahrheit. Zu sagen, dass all meine Probleme durch eine Reise verschwunden waren, wäre ganz einfach gelogen. Und es wäre auch gelogen zu behaupten, dass ich heute in meinem heiligen Raum sitze und mich nur auf das Licht in mir konzentriere – das ist nicht ganz der Fall. Die andere Seite der Entdeckung der Wildnis lautet: Afrika war meine erste Reise allein. Als ich dort auf dem kleinen Flughafen landete und meine ersten Schritte aus dem Gebäude machte, war da auf einmal Sand. Es gab keine Straßen. Es gab nur Wildnis und Natur. Und das war ich definitiv nicht gewohnt. Handyempfang hatte ich keinen, auch kein Wasser, Essen oder Geld, denn am Flughafen – sofern man ihn so nennen kann – war das Wechselgeld ausgegangen.

All das empfand ich im ersten Moment nicht als tragisch, denn ich hatte ein Hotel direkt neben dem Flughafen gebucht – nur leider war es nicht zu finden. Und Google Maps sucht man dort ebenso vergeblich. Drei Stunden ging ich auf und ab, versuchte Menschen nach dem Weg zu fragen, aber niemand, absolut niemand wusste von diesem Hotel. Und während es immer heißer wurde, fand ich mich irgendwann am Straßenrand wieder, übermüdet vom Flug, ausgetrocknet durch die pralle Sonne, mit 25 Kilo Gepäck auf meinem Rücken, und ich wusste einfach nicht mehr, wie es weiterging.

Meine romantische, lichtvolle Flüsterstimme, die zu mir »Fliege nach Afrika!« gesagt hatte, hatte mich verlassen, entpuppte sich als Schatten, der nur noch fragte: »Was hast du getan?«, »Na, war das notwendig?«, »Dachtest du, du weißt besser, was für dich gut ist?«, »Was hast du erwartet, wenn du deinen Weg gehst, dass du am Ende nicht allein landest?«.

Nun, das ist es auch, was passiert, wenn wir Grenzen ziehen. Das ist es auch, was passiert, wenn wir unseren Weg gehen. Das ist es auch, was passiert, wenn wir uns aus unserer gewohnten Umgebung hinauswagen – dann landen wir nämlich in der Wildnis. Vielleicht nicht in Afrika, vielleicht nicht wie ich im Busch mit echten Löwen, aber dennoch in der Wildnis des eigenen Lebens. Und dort ist man erst mal nur für sich. Und das muss man auch aushalten!

Meine knallharte und ehrliche Erfahrung ist: Wenn wir unserer Seele folgen, dem rauen, puren Kern, der in uns ist, dann wird es auch rau für uns. Wenn wir uns verabschieden von dem, was wir gewohnt sind, dann wird es anstrengend. Dann stehen wir plötzlich da, allein und getrennt von den Dingen, die immer um uns waren, von all dem, was uns Sicherheit gegeben hat. Und noch dazu haben wir meistens keine Guides an unserer Seite, die sich zu bewegen wissen.

Die Wildnis ist nicht nur romantisch. Wenn sie mit ihrer Seele in unsere Seele leuchtet, dann leuchtet sie nicht nur auf die Liebe in uns, erinnert uns nicht nur an das Potenzial darin, sondern auch an das Gegenteil davon. All die Schatten, die sie verdeckt halten. All die Schwächen, die wir haben. Alles, was nicht perfekt ist, zeigt sich dort auf jeden Fall.

Die Wildnis, die rohe Natur, spiegelt alle Ängste und Zweifel. Sie leuchtet beinhart mit einem Scheinwerfer auf sie, holt sie hervor, bringt sie heraus, starrt sie an, blickt ihnen ins Auge. Und genauso roh und unbarmherzig lachen diese dort zurück. Die Schatten unserer eigenen Natur warten nicht zu Hause im warmen, kuscheligen Bett; sie warten dort, wo wir uns entscheiden, es zu verlassen. In der Wildnis gibt es keine Sicherheit, und schon gar nicht vor einem selbst. Dort werden wir als Ganzes sichtbar, und die Angst, sichtbar zu sein, so wie wir sind – in unserer eigenen Natur –, ist die größte Angst. Genau deshalb wagen wir uns vermutlich auch so selten aus uns selbst hinaus … Ist es nicht so?

Little Lesson

FROM NATURE

WHEN LIFE GIVES YOU SHIT …
AKZEPTIERE ES,
KLETTERE AUF DEN HÖCHSTEN PUNKT
UND STEH DORT STOLZ!

Woher kommt die Angst, sichtbar zu sein?

Heute mag es für uns unvorstellbar sein, aber es gab eine Zeit auf der Erde, in der alles Wildnis war. Eine Zeit, in der »Walking Safaris« die normale Art war, sich zu bewegen, und in der wir Menschen in Stämmen gelebt haben. In diesen Stämmen gab es Regeln, und wer sich nicht an diese Regeln gehalten hat, der wurde verstoßen, musste allein hinaus in die Wildnis; und das bedeutete in den meisten Fällen den Tod.

Auch wenn wir uns nicht mehr bewusst daran erinnern können: In unserem Gehirn gibt es einen Teil, der das sehr wohl kann. Und es ist genau dieser Teil in uns, der nicht will, dass wir Grenzen ziehen, uns gegen die Regeln des »Stammes« (Familie, Gesellschaft, Kultur …) stellen, abenteuerlustig sind, freiwillig auf Walking Safaris gehen und in das kalte Wasser des Flusses unseres Lebens springen, um auf seinen Wellen zu surfen, anstatt für höchstmögliche Sicherheit zu sorgen.

Dieser Teil unserer Natur möchte kontrollieren, Gefahren eliminieren, berechnen, abschätzen, zerdenken, voraussehen – mit Studien, beweisbarem Material, Zahlen, Fakten, Rationalität. Er möchte leisten und funktionieren, denn das bedeutet in seinen Augen Sicherheit, und mit anderen Worten: alles bloß keine Intuition, und schon gar nicht unmessbare Entscheidungen der Seele. Wagen wir uns dennoch ein Stückchen vor, entscheiden wir uns dafür, der Seele zu folgen, auf die mutige Stimme unserer Natur zu hören, unseren irrationalen Freuden und Begeisterungen nachzugehen, möglicherweise sogar einen sicheren Job, Beziehungen, was auch immer zu verlassen – dann wird der Urinstinkt unserer Natur richtig aktiv.

Immer wenn wir uns entscheiden, so mutig wie der alte Baobab zu sein, die »sichere Erde«, die Komfortzone zu verlassen, sichtbar und damit angreifbar zu werden, dann ist der Urinstinkt als beschützender »Freund« an unserer Seite, um zu fragen: »Na … bist du sicher? Möchtest du das wirklich? Wie soll das gehen? Was machst du da? Bist du verrückt? Wie willst du das allein schaffen?« Und die wirklich ehrliche Antwort darauf lautet für uns alle gleich: Wir wissen es nicht!

Oft höre ich: »Seinen Weg zu gehen ist Luxus.« Ich aber glaube, es ist kein Luxus, sondern vor allem eine Frage des Mutes. Und was uns davon abhält, ist meist nicht das Außen, sondern der Schatten in uns selbst. Die Angst davor, den falschen Weg zu nehmen und so zu »sterben«. Das »nicht wissen«, was»nicht wissen, was dann kommt« und das »einmal keine Antwort kennen«.

Die Angst davor, Fehler zu machen, nicht perfekt zu sein, ausgeschlossen zu werden von dem »Stamm«, wenn wir nicht mehr dem folgen, was in diesem Stamm als »normal« gilt. Was uns abhält, ist sichtbar und damit verletzlich zu sein!

Auch hier gilt: Egal wie modern wir sind, egal ob wir echte Löwen haben oder unsichtbare Gefahren, die uns bedrohen – die Natur wohnt auch hier in uns. Der Urinstinkt ist stärker als wir selbst. Und er lässt uns viel öfter danach handeln, als uns das bewusst ist. Die Frage bleibt immer nur, ob wir ihr die Macht dazu geben, vor Ängsten in Sicherheit zu flüchten und uns zu verstecken, gegen Unsicherheiten, andere Meinungen, Weltbilder kämpfen, kompensieren, weglaufen vor den Schatten in uns – oder ob wir lernen, wie die Trail Guides zu sein und bewusst mit unseren Ängsten umzugehen?

Der lauteste Löwe ist nicht immer der stärkste

Wenn ich meine größten Ängste mit dem Licht des Mondes anleuchten würde, käme im Nachhinein folgende Liste dabei heraus: Da war die Angst, mich aus dem sicheren Hafen zu bewegen, mich einzulassen auf die Wildnis des Lebens, ohne Garantie auf Sicherheit – zu Recht –, denn Sicherheit gibt es nicht. Es gab die Angst davor, am Ende allein zu sein, wenn ich zeige, wer ich wirklich bin; als eigenartig zu gelten, wenn ich mich meiner eigenen Wahrheit anschließe und nicht der Norm unseres modernen »Stammes« – folge. Da war die Angst davor zuzugeben, dass ich nicht so zufrieden, glücklich und toll bin, wie ich dachte, sondern dass ich auch nur ein Mensch bin, der manchmal einfach nicht weiterweiß; der richtig schlechte Tage hat, obwohl es im Außen nicht danach aussieht – ebenso wie die Angst davor, dass ich nichts mehr wert oder nicht genug bin, wenn ich meinen äußeren Erfolg aufgebe; oder dass ich überhaupt nie mehr erfolgreich sein werde und den größten Fehler meines Lebens mache, wenn ich etwas verändere. Und wenn ich ganz besonders ehrlich bin, gab es auch die Angst davor, mein Leben selbst in die Hand zu nehmen und so keiner äußeren Situation mehr die Schuld geben zu können. Und zu guter Letzt gab es die unfassbar paradoxe Angst vor dem eigenen Licht, das ich erst durch den Blick in die Natur verstanden habe; die Angst vor der erschreckenden Tatsache, dass Licht sichtbar macht, angreifbar und genau damit verletzlich – die Urangst, auch in mir selbst. Die gnadenlose Tatsache, die ich von der rauen, wilden Natur für mich selbst gelernt habe, ist: Maximale Liebe und maximale Begeisterung beinhalten auch die Möglichkeit für maximalen Schmerz und Verlust, daran gibt es nichts schönzureden. Wenn wir uns dafür entscheiden, unseren eigenen Weg zu gehen, dann gibt es keine Garantie dafür, dass er gelingt. Dann stehen wir in der Wildnis unseres eigenen Lebens, vielleicht mit Abendteuer, aber ohne Sicherheit, und ich denke, davor haben wir alle gleich viel Angst, ganz egal, wie cool wir uns im Außen geben.

Nichts ist schöner als die eigene Freiheit. Nichts wünscht man sich oft mehr, als die eigene Natur zu leben, sich zu zeigen und zum Ausdruck zu bringen – aber nichts ist auch beängstigender als das! Nichts macht mehr Angst, als seinen eigenen inneren verrückten Vogel auf ein Serviertablett zu werfen, in der Gewissheit, dass es jede Menge hungrige Löwen in der Wildnis gibt, die nur darauf warten, ihn fressen zu können. Nichts macht mehr Angst, als sich dem Leben zur Verfügung zu stellen, die Kontrolle abzugeben, einfach nur da zu sein, genau so, wie man ist, und offen zu sein für alles, was einen finden will. Für alle Erfahrungen, die die Seele machen will, in der Hoffnung, nicht wie ein Nashorn im Mondschein zu landen, sondern auf dem richtigen Weg – denn ja, beides ist eine Option, wenn man nicht bewusst und wachsam ist. Und dennoch glaube ich, dass wir gar keine andere Wahl haben, denn das Problem mit der Flucht ist: Sie funktioniert nicht.

Eine Zeit lang ist sie auch mir gelungen: hinein in die Arbeit, in den Konsum, in die Ablenkung, bloß nicht mit sich allein sein … aber genau das macht so rastlos, denn egal wie lange, wie weit und wohin wir mit ihr kommen, am Ende nehmen wir uns selbst mit. Die Schatten verfolgen uns nicht, wir tragen sie in uns selbst. Und richtig dunkel wird es erst dann, wenn wir so weit gelaufen sind, dass wir uns selbst verloren haben und wenn wir nicht einmal mehr die eigenen Allergien als Wegweiser erkennen, wie das zum Beispiel bei mir persönlich der Fall war. Nicht zuletzt durch sie weiß ich heute: Durch die Dunkelheit der eigenen Seelenwildnis gibt es keine Abkürzung, aber dennoch einen guten Weg. Neben Flüchten, Kämpfen, Sich-tot-Stellen – den üblichen instinkthaften Reaktionen der Natur – haben wir immer eine vierte Möglichkeit: nämlich stehen zu bleiben. Augen auf und durch; lernen, bewusst mit Ängsten, Schatten, Problemen, unangenehmen Dingen umzugehen und vielleicht sogar – wie die Trail Guides – die Freude und das Abenteuer darin zu finden, und das ist – wie ich meine – auch eine notwendige Wahl, wenn es um die Krisen der Zeit geht und um die Angst, die wir davor haben. Eines steht nämlich fest: Wenn wir uns vor ihr drücken, weiter wegsehen oder uns nur gegenseitig anbrüllen, dann werden wir dadurch nicht stärker, sondern nur die Ängste und Schatten in uns selbst dunkler … Der lauteste Löwe ist nicht immer der stärkste. Der lauteste Löwe ist der, der am meisten kämpft – und zwar nicht gegen andere, sondern vor allem gegen sich selbst. Wer glaubt, gegen den Rest der Welt kämpfen zu müssen, kämpft eigentlich nur gegen sich selbst. Wer denkt, all das Böse sei nur im Außen und deshalb sei es besser, davor zu flüchten oder es zu bekämpfen, der weigert sich in Wahrheit nur, seinen eigenen Ängsten und Problemen ins Auge zu sehen. Sich den Schatten der eigenen Seelenwildnis zu stellen. Und ist es nicht genau das, was die Schatten am Ende so richtig groß werden lässt?

Die sieben Gesetze der Wildnis, denen Tiere folgen. Folgt man ihnen, kommt man sicher durch die Wildnis, haben uns die Trail Guides gelehrt.

EINS: BE AWAKE, BE ALERT, BE AWARE!
ES BESAGT: SEI BEWUSST, WACHSAM UND ALARMIERT. STETS IN KONTAKT MIT DER – EIGENEN – NATUR. NUTZE UND SCHÄRFE DEINE SINNE. VERTRAUE IHNEN, ABER NICHT ALLEN REIZEN VON AUSSEN. HÖRE AUF ZU FLÜCHTEN UND GEHE BEWUSST DURCH DIE WELT!

ZWEI: SEE, BEFORE YOU'RE SEEN; HEAR, BEFORE YOU'RE HEARD; SMELL, BEFORE YOU'RE SMELLED!
ES BESAGT: LENKE DICH NICHT AB. SEI EINEN SCHRITT VORAUS!

DREI: NEVER UNDERESTIMATE THE INTELLIGENCE OF RESILIENCE!
ES BESAGT: DU BIST STÄRKER UND ZÄHER, ALS DU DENKST!

VIER: EXPECT EVERYTHING, ASSUME NOTHING!
ES BESAGT: SEI PRÄSENT, IM MOMENT. ERWARTE ALLES. HALTE NICHTS FÜR SELBSTVERSTÄNDLICH. HANDLE IM JETZT!

FÜNF: AVOID UNNECESSARY CONFLICT!
ES BESAGT: KÄMPFE NICHT. VERMEIDE UNNÖTIGEN KONFLIKT.

SECHS: WHEN IN CONFLICT, KNOW WHAT TO DEFEND!
ES BESAGT: WENN DU KÄMPFEN MUSST, DANN MACH ES AUS GUTEM GRUND. SEI DIE LÖWIN …

SIEBEN: … VERRATE ICH ERST SPÄTER!

Der einzige Weg durch die Angst ist hinein

Ich kann mich noch an einen anderen Moment in Afrika erinnern. Ich saß in meinem Zelt, mit Blasenentzündung, und ich fühlte mich unendlich allein, noch mehr allein als auf der Suche nach dem Hotel. Drei Tage hatte ich versucht zu verheimlichen, dass es mir nicht so gut ging. Ich versuchte, stark zu erscheinen, und dann musste ich irgendwann hinausgehen und zeigen, dass ich auch nur ein Mensch bin, der manchmal einfach nach Hause will. Genau das aber war der Moment des Wandels, weil dann Doris mit ihren Antibiotika kam; jemand anderer brachte mir Brot vom Feuer, und ich konnte mit einem Satellitentelefon von einem Termitenhügel in der Wildnis über das Weltall nach Hause telefonieren.

Manche Schatten sehen groß aus, aber in Wahrheit sind sie das nicht. Eigentlich sind sie nur etwas, was in den Arm genommen werden will; eine Seite von uns, die irgendwann einmal zu wenig Licht bekommen hat – so wie letztendlich auch meine Allergien nichts anderes waren als ein Schatten meiner eigenen Natur, den ich nicht beachtet hatte und der so wachsen konnte … Von mir selbst weiß ich das nur allzu gut: Niemand will solche Schatten, und wegzusehen ist ja so viel einfacher. Wir sehen unsere Ängste und Unperfektheiten als Feinde; als Verletzbarkeit, die uns schwach macht. Und in einer perfekten, unantastbaren Welt, in der es immer alles zu schaffen gilt, ist dafür kein Platz.

Die Wahrheit aber kennen wir in uns allen: Diese Welt ist nicht echt. Sie ist nichts als ein schöner Schein. Denn weder die Natur noch wir selbst sind unantastbar. Wir alle sind verletzbar. Unsere Erde ist es, unsere Natur ist es, unsere Tiere sind es, wir selbst sind es. Und so zu tun, als wäre das nicht so, macht nicht stärker, sondern schwächer; aber sich einzugestehen, dass man eben nicht perfekt ist, dass man Schatten und Ängste und Schwächen hat und dass man deshalb gut auf seine eigene Natur aufpassen muss – aus diesem ehrlichen Bewusstsein entsteht die echte Kraft. Je mutiger wir sind, je mehr wir in den Schatten sehen, je tiefer wir in ihn tauchen, je weiter wir uns vorwagen, je ehrlicher wir sind, je mehr wir uns rohen Kern unserer Natur nähern – desto heller wird es, nicht dunkler!

Die Angst vor dem Schatten ist unbegründet, denn was dahinterliegt sind nur wir selbst – als Seele, als Licht in einem Körper auf der Erde. Und der einzige Weg dorthin ist, mitten in die Angst hineinzuspringen, ihr ins Gesicht zu lachen, sie anzunehmen, sie einzuhüllen, als Teil der eigenen Natur zu akzeptieren und Hand in Hand bewusst mit ihr zu gehen – genau so, wie es die Trail-Guides tun.

Auch von ihnen dürfen wir lernen: Wir können unsere Schatten, Krisen und Probleme als Feind sehen, oder auch als Wegweiser dafür, wo der Weg liegt. Dort, wo die Angst am größten ist, liegt auch der nächste Schritt. Das größte Potenzial für Wachstum in diejenige Richtung, die wirklich zählt. Und so denke ich auch, dass es ganz generell nicht mehr an der Zeit ist, Angst zu haben, zu kämpfen oder sich zu verstecken vor den Problemen dieser Zeit, sondern ganz im Gegenteil: Es ist höchste Zeit als Seele durchzuatmen, das Licht der eigenen Natur einzuschalten und damit auf alle Schatten zu leuchten, die transformiert werden wollen.

Wie der *Suicide Bird* sind wir sehr viel mutiger, als wir denken: Verletzbarkeit ist unsere Stärke. Das wurde uns nur nie gesagt!

Und könnte der alte Baobab sprechen, würde er vermutlich schmunzeln und sagen: »Lass Liebe größer sein als deine Angst. Lass Licht heller sein als deinen Schatten. Lass Mut stärker sein als deine Furcht. Und was immer du tust, laufe nicht – denn wer in der Wildnis läuft, ist nicht schneller, sondern wird zur Beute. Als Baum fällt mir das aber vermutlich leichter als euch …« ;-)

»HEY! SIEH MICH AN! ICH WACHSE MITTEN AUF EINEM FELSEN, ÜBER EINER SCHLUCHT. JEDEN TAG SEHE ICH DEN ABGRUND DIREKT VOR MIR. MACHT MIR DAS ANGST? JA, UND WIE! ABER ES MACHT MICH AUCH STARK. ICH HABE MEINEN WEG GEFUNDEN. BIN KRÄFTIGER ALS DIE MEISTEN BÄUME UM MICH. SO INSPIRIERE ICH SIE – UND VIELLEICHT AUCH DICH –, EBENSO ZU SEIN«,

SAGT DER MUTMACHERBAUM.

Das Verbunden-statt-online-Ritual

DIE WILDNISSCHLUCHT

WENN ES DUNKEL UND GRUSELIG WIRD,
DIE GEFAHREN ÜBERALL LAUERN,
DER WEG UNDURCHSICHTIG WIRKT,
NUR NOCH EIN SCHRITT NACH DEM ANDEREN MÖGLICH IST,
DANN WERDEN AUCH WIR DARAN ERINNERT,
DASS NICHTS SICHER IST, ABER ALLES MÖGLICH.
UND DASS DAS ABENTEUER IMMER DORT WARTET,
WO MAN DEN WEG NICHT KENNT.

*UM DIE ANGST ZU ÜBERWINDEN,
MÜSSEN WIR MANCHMAL EINFACH AUFHÖREN WEGZUSEHEN
UND BEWUSST SEHEN, DASS VERLETZBARKEIT EINE DER
GRÖSSTEN STÄRKEN IN UNSERER – EIGENEN – NATUR IST.*

»HÖRST DU MICH, ANGST? ICH LACHE DIR INS GESICHT«

Das sagt Simba in dem Film »König der Löwen«. Und so einfach es klingt, so einfach ist es auch. Mit dieser kleinen Meditation kannst du lernen, deine Ängste und Schatten zu integrieren.

NUR WENN DU DEN SCHATTEN MIT LICHT ANLEUCHTEST, WENN DU DEN MUT HAST, IHM IN DIE AUGEN ZU SEHEN, WIRD ER SICH WANDELN.

Such dir einen schönen Ort in der Natur. Stelle dich barfuß auf einen festen Untergrund, oder setz dich zu einem Baum. Konzentriere dich eine Zeit lang auf deinen Atem und dann stell dir vor, du stehst vor einer Schlucht mit einer Hängebrücke. Am anderen Ende liegt der Ort – die Wildnis –, an den du gelangen willst. Aber in der Schlucht sind all deine Ängste, Sorgen und unguten Gefühle ... die dich davon abhalten dorthinzukommen. Lass dir Zeit und beobachte, wer oder was auf der Brücke auf dich wartet. Wer dir im Weg steht und dich davon abhält, auf die andere Seite zu gelangen. Lass dich überraschen, und wenn du so weit bist, mache das Gegenteil von dem, was üblich ist: Versteck dich nicht vor ihnen, sondern gehe auf sie zu. Stelle dich zu ihnen auf die Hängebrücke. Spüre ihre Größe und wie sie dich bereits so lange zurückhalten, dich zu zeigen, deinen Weg zu gehen, und dann frage sie, warum sie das tun. Was sie dir zu sagen haben. Wovor sie dich beschützen wollen. Sei offen für alles, was sie zu sagen haben, und habe Mitgefühl mit ihnen – sie sind nur ein Teil von dir, der lange nicht gehört wurde. Gib ihnen jetzt die Möglichkeit dazu. Bedanke dich bei deinen Ängsten, dass sie so lange da waren, nicht um dir das Leben schwerzumachen, sondern um dich zu beschützen – zum Beispiel vor Erfahrungen, die du nicht noch einmal machen sollst –, und sag ihnen, dass sie nun bei dir bleiben dürfen. Dass du sie nicht mehr wegdrücken wirst und sie gerne mit dir kommen können. Sieh zu, was nun passiert. Werden sie kleiner? Sind sie traurig? Freuen sie sich, dass du sie nun siehst? Wollten sie vielleicht immer einfach nur das? Vielleicht werden manche ganz klein, andere verschwinden ganz, dritte bleiben stehen, weil sie mehr Aufmerksamkeit brauchen, und vierte stellen sich vielleicht sogar hinter dich und stärken dir von nun an den Rücken. Was immer die Wandlung ist, nimm sie an. Visualisiere, dass die Schatten nun hinter dir stehen. Geh gemeinsam mit ihnen über die Hängebrücke, dorthin, wo du sein willst!

DEINEN SCHATTEN ANZUNEHMEN HEISST ZU SEHEN, DASS DER WEG HART SEIN KANN, ABER TROTZDEM AUFZUBRECHEN. ES HEISST, NICHT ZU WISSEN, OB DU ES SCHAFFST, ABER ES DENNOCH ZU VERSUCHEN. ES HEISST, NICHT SO ZU TUN, ALS HÄTTEST DU KEINE ANGST, SONDERN ZUZUGEBEN, DASS ES SO IST, UND DENNOCH NICHT WEGZULAUFEN.

Und sei dir bewusst: Sicher kommt man nur dann durch die Wildnis, wenn man ehrlich ist, sich selbst gut kennt, seine Schwächen, Ängste nicht überdeckt, sondern sie integriert, so, wie die Trail-Guides es gezeigt haben. Die wichtigste Frage in der rohen Natur lautet nicht: »Wie komme ich möglichst schnell an das Ziel?«, sondern: »Was muss der nächste Schritt sein?«. In einer Welt, die auf Ergebnisse gepolt ist, mag das nicht jedem gefallen, aber am Ende wird nur das zu einem wirklichen Erfolg führen – der nicht nur im Außen schön aussieht, sondern sich auch im Innen so anfühlt.

Natur braucht Heilung?

LASS LOS. LASS GEHEN.
ATME. TIEFER. NOCH TIEFER.
MACH DICH FREI.
SETZ DICH ZU MIR. UND ICH SITZE MIT DIR.
HALTE DICH. TRAGE DICH.
GEBE DIR ZEIT. GIB SIE DIR SELBST AUCH.
GLAUBE AN DAS GUTE. VERTRAUE DEM LEBEN.
LASS DAS LICHT DICH FINDEN.
SPÜRE, WIE ALLES GEHT.
UND NUR NOCH DU BLEIBST.

*»WELCH VERLUST WÄRE ES,
WENN DICH DIESE WELT NICHT GANZ HÄTTE?«,
FRAGT DIE NATUR.*

Die siebte Etappe der Reise:

Nachricht aus dem Amazonas

Die Natur hat viele Wunden. Immer wieder muss sie heilen, sich erholen, braucht Zeit, damit Neues entstehen kann. Das Gute aber ist: Verbrannte Erde ist oft der beste Humus für neues Wachstum. Und das Gleiche gilt für die eigene Natur.

SCHRITT SIEBEN: LASS LOS, WAS DU NICHT BIST. HEILE. WERDE GANZ. LERNE DEM LEBEN ZU VERTRAUEN.

Oft ist unsere wahre Natur überdeckt mit Erlebnissen, Geschichten, Verletzungen und Erfahrungen, die uns davon abhalten, uns selbst zu leben. Wir wollen nicht mehr zu diesen Erlebnissen stehen, drücken sie weg, versuchen, die Wunden zu überdecken, und leben mit ihnen. So ist es auch mit den Wunden der Erde. Aber wenn wir den Mut aufbringen, die Verletzungen zu heilen, heilen wir nicht nur uns selbst, sondern auch einen Teil der Welt, weil wir verhindern, dass Wunden weitergegeben werden. Wir haben die Chance, einen anderen Umgang mit unserer eigenen Natur und der Natur zu finden. Mut zur Heilung ist ein unterschätzter Schritt, um tatsächlich voranzukommen. Denn wir können nicht schnell gehen, wenn wir schweres Gepäck herumtragen. Nur wenn wir vertrauen, dass Gutes zu uns kommen kann, das wir empfangen dürfen, werden wir das auch tun.

MANCHMAL IST ETWAS NICHT ZU BEKOMMEN DAS BESTE, WAS PASSIEREN KANN. MANCHMAL IST SICH VON PLÄNEN IM KOPF ZU VERABSCHIEDEN DIE GUT GETARNTE CHANCE, AUF DIE DAS HERZ GEWARTET HAT. MANCHMAL IST NICHT ZU WISSEN, WAS KOMMT, DIE FREIHEIT, DIE ES BRAUCHT, DAMIT NOCH BESSERES ENTSTEHEN KANN.

Was ich von der Natur für meine eigene Natur gelernt habe, ist: Lass alles los, was du nicht bist. Befreie dich. Auch wenn es schmerzlich ist. Gib es dennoch ab. Akzeptiere, was war. Stelle dich nicht mehr dagegen. Lass es durch dich fließen. Und damit gehen. Siehe Loslassen als Geheimwaffe. Und wann immer du das Gefühl hast, nicht weiterzuwissen, lege alles zur Seite. Tritt zurück. Nimm ein leeres Blatt Papier. Stelle dir vor, es ist deine Natur. Dein Leben. Die rohe Wildnis in dir. Verbinde dich mit deinem Herzen und deiner Seele und sieh nach, was hinter dem Wahnsinn liegt. Hinter dem Schmerz. Du wirst sehen: Du trägst alles in dir, was du brauchst. Du kennst den Weg bereits. Du weißt, was zu tun ist. Die Lösung kann aber nur kommen, wenn du alles loslässt, was sich mit der Zeit angestaut hat, wenn du wieder einen Zugang zu dir selbst findest und dem vertraust, was daraus wachsen will. Vertraue dem Prozess. Gib dich der Heilung hin. Und bitte um Hilfe, wenn es notwendig ist. Die Seele weiß immer einen Rat. Es ist ihr Wunsch, ganz zu werden. Und dabei wird sie dich mit all ihrem Licht unterstützen.

DER MOMENT, IN DEM DU LOSLÄSST, AKZEPTIERST UND VERTRAUST, IST DER MOMENT, IN DEM DU HEILST. UND ERST WENN DU HEIL BIST, KANN SICH DAS GANZE POTENZIAL DER EIGENEN NATUR FREI ENTFALTEN.

Und sei dir bewusst: Heilung braucht Zeit. Gibt sie dir. Atme. Fühle, was immer du fühlen willst. Sei traurig oder wütend, lass heraus, was in der Wunde versteckt war. So kann es gehen. Nimm dir, was du brauchst, und stirb einfach nicht dabei ;-) Und irgendwann kommt der Moment, in dem die Sonne aufgeht und die Magie dahinter auf dich wartet …

WAS DU IN DIR SELBST HEILST, HEILST DU IN DER WELT MIT.

Reflexion

für die eigene Natur

WELCHER TEIL DEINER NATUR BRAUCHT HEILUNG?
WELCHES SCHWERE GEPÄCK MÖCHTEST DU ABWERFEN?
WAS DARF ENDLICH GEHEN, DAMIT DU GANZ WERDEN KANNST?

NACHRICHT AUS DEM AMAZONAS
ODER AUCH: DIE HEILUNG DER NATUR

»Aber die vielleicht wichtigste Lektion, die ich gelernt habe, ist, dass es keine Mauern zwischen Menschen und Elefanten gibt außer jene, die wir selbst errichten. Wir werden niemals mit uns selbst ins Reine kommen können, wenn wir nicht endlich nicht nur den Elefanten, sondern allen Lebewesen auf der Welt ein Leben in Freiheit zugestehen.«

(LAWRENCE ANTHONY)

In Botswana gibt es rund 200.000 Elefanten (das ist der Stand, der mir von meiner damaligen Reise bekannt ist). Und gefühlte 199.000 davon habe ich gesehen. Ich kann mich an eine Überfahrt von einem mobilen Camp an das nächste erinnern, bei der ich nur noch dachte: »Nein, bitte nicht noch ein Elefant. Ich bin so müde. Ich muss schlafen. Aber wenn ich Elefanten sehe, geht das – selbstverständlich – nicht.«

Auf dieser Fahrt hielten wir bei einem Wasserloch, an dem sich – ohne Übertreibung – Hunderte Elefanten tummelten. Wir konnten ihnen beim Wassertrinken zusehen. Wir konnten zusehen, wie sie sich mit Schlamm bewerfen, um sich vor der Hitze zu schützen. Wir konnten zusehen, wie die Kleinen von den Eltern lernen, wie sie tollpatschig versuchen, ihre kleinen Rüssel in das Wasser zu geben, und wie die Großen sie dabei beschützen. Wir konnten ihnen zusehen beim Leben, und zwar deshalb, weil sie es uns erlaubten. Weil sie es uns erlaubten, mit ihnen zu »sein« und sie zu beobachten.

Elefanten sind wilde Tiere, und dennoch kann man ihnen in Botswana erstaunlich nahe kommen – das zeigt nicht nur das Wasserloch, sondern auch viele andere Erlebnisse mit ihnen, wie dieses hier: Eines Mittags, als wir von unserer Ausfahrt aus dem Busch zurückkehrten, warteten drei Elefanten im Camp auf uns. Sie standen nur einige Meter von den Zelten entfernt, aßen gemütlich ihr Mittagessen und schenkten mir so damals einen der schönsten Momente in meinem Leben.

Das Vertrauen von einem Tier zu bekommen ist eines der heilsamsten Dinge, die man bekommen kann. Das Gefühl, in einer Verbindung zu stehen, die sehr viel größer ist als man selbst, baut einen auf. Denn in diesem Moment kann die Seele spüren, dass sie gut aufgehoben ist, auf der Erde und im Leben. Dass das Leben gut ist und dass man beschützt ist in ihm.

In Botswana ist genau das möglich, denn es ist eines der Länder mit den meisten Elefanten. Und das wiederum hat einen speziellen Grund: Dort dürfen sie nicht gejagt werden. Sie dürfen nicht abgeschossen werden – zumindest war das auf meiner Reise damals noch so. Und so kommen sie aus ganz Afrika, um dort zu sein. Um dort zu leben. An den Wasserlöchern, in den Büschen und manchmal sogar nahe der Camps.

Warum ich das erzähle? Ich glaube genau damit haben die Elefanten in Botswana ein seltenes Gold auf dieser Erde – und es sind nicht ihre Stoßzähne. Sie haben etwas, das diese Welt dringend braucht, weil es ihr irgendwie verloren gegangen ist. Sie haben etwas, von dem ich denke, dass es unsere eigene Natur, aber auch die Natur der Erde mehr als notwendig hätte, bevor sie sich tatsächlich wandeln kann. Bevor sie bereit ist, wieder in die Verbindung zu gehen.

Was sie haben, ist Vertrauen. In das Leben. In sich selbst. In andere. In meinen Augen ist genau das der Schlüssel, der letzte entscheidende Schritt zur Verbindung in das Leben. Zur Verbindung mit der eigenen Natur. Zur Verbindung mit der Erde. Zur Verbindung in eine andere Welt. In eine Zukunft, die nicht auf Angst und Kampf basiert, sondern auf dem Gegenteil davon. Und um Vertrauen zu haben – das musste auch ich lernen –, müssen wir das Gepäck abwerfen, das uns davon trennt.

Wir alle Reisen mit schwerem Gepäck

Als ich meine Reise begann, hatte ich ehrlich gesagt keine Ahnung, wo ich einmal landen würde. Welche Orte ich in mir und im Äußeren finden würde. Wie viele Schatten da eigentlich überall waren. Und wie notwendig es war, mich von all diesen Schatten zu lösen.

Auch ich durfte lernen, dass uns in Wirklichkeit nicht nur äußere Umstände das Leben schwer und unfrei machen, sondern vor allem das Gepäck, das wir mit uns herumtragen: Erwartungen von anderen, in uns gewachsene Dinge, die wir gar nicht sind, Meinungen, die uns kleinhalten, Prägungen, die uns überwuchern, Wunden aus Erfahrungen, die nie geschlossen wurden, Verletzungen, vor denen wir uns schützen, damit wir sie nicht noch einmal spüren und die sich so vielleicht einen anderen Weg suchen – als Allergie, als Ablenkung, als Kompensation, als Konsum, als Angst, als Gleichgültigkeit, als Abgestumpftheit, als Aggression, als Sucht zu leisten, als Kampf gegen andere, als Wut auf die Welt … wiederkommen. Auf jeden Fall irgendwie als Zerstörung im Äußeren oder alsversteckte Traurigkeit, Schatten im Inneren.

Ich persönlich hatte keine Ahnung, mit wie viel Gepäck ich unterwegs bin. Mit wie vielen Kilos ich tatsächlich nach Afrika gereist bin. Ich hatte keine Ahnung, was ich alles gehen lassen musste, damit die Leichtigkeit und die Verbindung kommen konnten. Welchen Ballast ich abwerfen musste, um wieder atmen zu können. Raum zu haben. Und zu vertrauen. Aber heute ist mir dadurch auch klar: Nicht immer sehen wir es, nicht immer sieht es im Äußeren so aus, aber wir alle reisen mit schwerem Gepäck. Wir alle haben unsere Wunden zu tragen. Aus unseren persönlichen Geschichten. Aus unseren Erlebnissen, aus unseren Erfahrungen. Aus der Liebe, die wir nicht bekommen haben, den Verlusten, die wir erleiden mussten, den Hoffnungen, die verloren gegangen sind, den Enttäuschungen, die unsere Wege pflastern. Wir alle tragen viel mit uns herum, das uns das Leben oft schwer macht. Das uns davon abhält, so frei und unbekümmert wie die Wildnis zu sein und an uns selbst zu glauben. Unsere Natur zu leben und mit ihr verbunden zu sein. Ihr zu vertrauen, wie die Elefanten uns am Wasserloch.

Und so glorreich diese Zeit auch wirkt, auch sie hat eine Geschichte, auch sie trägt schweres Gepäck mit sich herum. Ballast, der sehr lange angewachsen ist. Verletzungen, die über Generationen hinweg entstanden sind. Die kollektiv über uns, aber auch über der Natur und all ihren Tieren schweben. Und das gilt auch für die Elefanten – immerhin gehören sie zu den ältesten Lebewesen auf der Erde. Und das, was sie in Botswana haben, ist eine Seltenheit – damals wie heute. Denn seit jeher werden sie gejagt, und zwar einfach nur für das, was sie von Natur aus sind: für ihre Details, ihre Haut, ihre Rüssel, ihre Füße, ihr Aussehen, ihre Stoßzähne. Und letztendlich, wenn wir es aus dieser Perspektive betrachten, überschneiden sich unsere Geschichten. Auch in der Geschichte der Menschheit war das irgendwie nie anders: Unterschiedliche Farben. Unterschiedliches Aussehen. Unterschiedliche Größe. Unterschiedliche Meinung. Unterschiedliche Körper – alles Gründe, nicht genug zu sein. Alles Wunden der eigenen Natur, die von Generation zu Generation bis in unsere Zeit mitgewachsen sind und sich unbewusst in unserem Verhalten verstecken.

Nicht nur in den guten Dingen und den schönen Momenten sind wir mit der Natur verbunden, sondern auch in unseren Verletzungen. Gemeinsam mit der Natur kommen wir *a long way down*: Wir kommen von Kriegen, wir kommen von Verfolgungen, wir kommen von dunklen Zeiten, wir kommen von Hungersnöten, wir kommen mit viel Schatten, wir kommen mit vielen Ängsten, und wir kommen von vielen unerlösten Kämpfen in diese Zeit.

Wenn wir ehrlich sind, sind wir nicht nur die Generation der Möglichkeiten, sondern auch die Generation mit vielen Wunden und mit wenig Vertrauen. Eine Generation, die eigentlich nie richtig Zeit hatte, diese Wunden zu heilen, weil sie damit beschäftigt war, all das heute aufzubauen. Es zu überdecken, zu übergehen, zu leisten, zu machen, eine Zukunft zu schaffen, die irgendwann »besser« ist – rastlos.

Und ja, es ist auch zu einem Teil gelungen, aber die »perfekte Welt« wirkt wie Kompensation, denn der Kampf und die Trennung und die Wunden und das Fehlen des Vertrauens sind geblieben. Das schwere Gepäck ist immer noch da, denn sieht man sich in der Welt um, sieht man genau das. Vielleicht sind die Wunden der Natur, die wir heute haben wie nie zuvor, ja auch nur ein Spiegel für die Wunden in der eigenen Natur? Nicht nur ein Ruf nach der Wildnis, nach Freiraum und leben des Potenzials, sondern auch ein Ruf nach Heilung und Vertrauen?

Die wichtigste To-do-Liste

PRÄSENZ
DANKBARKEIT
GEDULD
MITGEFÜHL
LIEBE

»Aber davor vergiss alle To-dos, und kümmere dich um das Eine:

HEILUNG!«,

SAGT DIE NATUR.

Little Lesson

FROM NATURE

VERTRAUE DER NATUR.
UND DIE NATUR WIRD DIR
VERTRAUEN SCHENKEN.

Die größte Wunde der Natur

»Hört auf, Mitleid mit uns zu haben. Hört auf, uns retten zu wollen. Hört auf, uns heilen zu wollen. Heilt erst mal euch selbst. Denn nur dann wird sich etwas ändern.« – So lauten die Worte einer indigenen Stammesangehörigen aus dem Amazonas. Einer Frau, die mitten in den Flammen ihres eigenen Zuhauses, ihres Urwaldes steht, weil dieser täglich in einer unfassbaren Größenordnung niedergebrannt wird – für riesige Plantagen, für riesige Viehzucht, für Genfutter. Eine Nachricht, die meine Sicht für immer verändert hat.

Bevor mich die Nachricht aus dem Amazonas erreicht hatte, war ich selbst jemand, der gut darin war, »die Natur retten zu wollen«, aber in diesem Moment, bei diesen gnadenlos ehrlichen Worten, fiel es mir wie Schuppen von den Augen: Das Amazonasgebiet ist ein unglaublicher Urwald, der sich über mehrere Länder erstreckt: Venezuela, Brasilien, Kolumbien … Es ist so riesig, dass man es eigentlich kaum in Worte fassen kann. Aber vor allem ist es ein unglaublicher Schatz der Natur: Viele der Pflanzenarten, die es dort gibt, wurden noch nicht einmal entdeckt, und man muss sich vorstellen, das werden sie auch niemals sein. Denn viele von ihnen sterben aus, noch bevor sie überhaupt erforscht werden können, weil dieser Wald gerodet wird. Genau das macht dieses Gebiet nicht nur zu einem der größten Wunder der Erde, sondern zeitgleich auch zu einer der größten Wunden, die die Erde hat.

Für mich ist der Amazonas heute nichts anderes als meine Allergien: ein Spiegel für den Umgang mit der Natur in dieser Zeit. Eine ehrliche Reflektion, die nichts schönredet, kein Blatt vor den Mund nimmt, nicht »Danke« sagt für das Mitleid, sondern formuliert, was sich kaum jemand auszusprechen traut: Wir können weder die Welt retten noch die Wunden der Natur heilen, wenn wir uns nicht zuallererst ehrlich und ernsthaft um unsere eigenen kümmern. Wenn wir nicht erkennen, dass Anklagen, Wegsehen und falsches Mitleid die Welt nicht besser machen, sondern Teil der Wunde sind. Teil der Trennung, die auf der Erde herrscht, zwischen uns und anderen Menschen, zwischen uns und den Tieren, zwischen uns und der Natur. Angst produziert Angst, Kampf produziert Kampf, Gleichgültigkeit produziert Gleichgültigkeit,

Wegsehen produziert Wegsehen, und genau das ist die größte Wunde der Natur: das Gefühl von Trennung. Sie beginnt nicht im Außen. Sie beginnt in uns selbst.

Das werden, was wir schon immer waren

Der Schamane Alberto Villoldo schreibt: »Heilung bedeutet aus schamanischer Sicht, wieder in Harmonie und Einklang mit der eigenen Natur, der Erdnatur und dem Universum zu leben und dem Ruf der Seele zu folgen. Dazu ist es notwendig … alle Blockaden, Beschränkungen, Traumata und falschen Erfahrungen zu überwinden.«

Die Wahrheit ist doch: Egal was wir tun, egal wie sehr wir kämpfen, die Frau vom Amazonas hat recht, keiner von uns kann wiedergutmachen, was dort gerade geschieht. Keiner von uns kann rückgängig machen, was passiert ist. Und keiner von uns kann die Natur retten – das ist auch nicht die Aufgabe. Unsere Aufgabe ist es nicht,nicht, andere oder die Vergangenheit zu verurteilen, sondern die Zukunft besser zu machen. Zu verhindern, dass es wieder geschieht und alles einfach so weitergeht. Und so ist eine der schwersten, aber auch mächtigsten Lektionen, die ich so von einer der größten Wunden der Natur – dem Amazonasgebiet – für meine eigene Natur gelernt habe: Die viel stärkere und ehrlichere Kraft des Wandels ist, bei sich selbst anzufangen.

Zwischen Trennung und Verbindung. Zwischen Liebe und Hass. Zwischen Angst und Mut. Zwischen Schatten und Licht. Zwischen Hoffnung und Furcht. Zwischen Meinung A und Meinung B. Zwischen fließen und stocken. Zwischen Sicherheit und Wildnis. Zwischen Rastlosigkeit und Freiheit. Zwischen anklagen und verstehen. Zwischen Herz und Hirn. Zwischen Seele und Verstand. Zwischen Rationalität und Intuition. Zwischen Mangel und Fülle. Zwischen lauwarm und lebendig. Zwischen Komfortzone und Wachstum. Zwischen Geben und Nehmen. Zwischen den Ruf ignorieren und ihm folgen. Zwischen außen und innen. Zwischen dir und mir, zwischen der Verbindung mit der Natur der Erde und uns selbst liegt nicht nur Mut. Nicht nur gute Laune. Nicht nur Buddha Bowls und *happy* Sprüche auf Social Media. Dazwischen liegt vor allem Heilung von sich selbst. Heilung der eigenen Natur. Die Bereitschaft, nicht andere aufzufordern, ihr Gepäck abzuwerfen, sondern sich um sein eigenes zu kümmern. Nicht nur die Wunden im Außen zu sehen, sondern sich selbst als Teil davon zu begreifen und die Macht zu erkennen, die man hat, wenn man genau dort beginnt.

Indem man tut, was man in diesem Moment tun kann. So schnell oder so langsam wie möglich. Zu atmen. Zu fühlen. Hinzusehen. Ehrlich zu sein. Zu akzeptieren. Anzunehmen. Die Wunde in einem selbst zu öffnen und sie geöffnet zu lassen, so lange, bis sie nicht mehr wehtut. Meiner eigenen Erfahrung nach ist Heilung kein großer Akt. Für mich beginnt sie nicht mit lautem Poltern im Außen. Weder bedeutet Heilung andere anklagen noch lauter schreien, als diese Welt ohnehin schon ist.

Heilung ist für mich nicht machen, machen, machen und sich trotzdem noch verurteilen, dass es zu wenig ist. Heilung ist da sein. Still und präsent. Und zwar erst einmal für sich selbst. In sich selbst hineinzuschauen, die Trennung in und zu sich selbst überwinden. Sich zu befreien von all den alten Geschichten, die nicht zu einem gehört haben. Der Angst, die man nie war. Dem Kampf, den man nie wollte. Alles Alte loszulassen, was einen davon abhält, mit sich selbst verbunden zu sein: Meinungen, Geschichten, Verletzungen. Und zwar deshalb, weil man es zwar erlebt hat, aber nicht nur aus seinen Erlebnissen besteht, sondern immer noch das ist, was man immer schon von Natur aus war.

Heilung heißt, Schritt für Schritt zu lernen, wieder an das Geschenk in sich zu glauben und alles loszulassen, was das jemals infrage gestellt hat: an das Licht, die Liebe, das Gute, die eigenen Talente, die wunderbare, wilde, raue, verrückte Wildnis in einem selbst und daran, dass sie einen immensen Wert hat für diese Erde, wenn sie ganz ist und nicht halb, so wie auch die Wildnis der Erde selbst.

Es heißt außerdem zu akzeptieren, dass man die Vergangenheit nicht ändern kann, aber dass es die Möglichkeit gibt, die Zukunft zu gestalten. Und in diesem Sinne heißt Heilung heute für mich vor allem eines: sich in das Leben fallen zu lassen und trotzdem darauf zu vertrauen, dass man aufgefangen wird, selbst wenn gerade keiner da ist, um das zu tun. Und dass, wenn man sich dem Prozess hingibt – zu gegebener Zeit auf der verbrannten Erde am Amazonas wie in der eigenen Natur – wieder etwas Neues, Fruchtbares herauswachsen wird.

Der Lohn für diese Arbeit ist, mit neuen Augen auf etwas zu schauen. Mit den Augen der Liebe. Mit den Augen des Vertrauens. Das ist die wahre Freiheit. Wenn man loslässt, was man nicht ist, kann man das werden, was man immer schon war. Die Seele mit ihrem grenzenlosen Potenzial. Die Wildnis mit ihrer freien Schönheit. Der verrückte Vogel, der über die Erde fliegt. Das Kind, das Lust hat zu spielen.

Wenn wir nichts mehr müssen, können wir alles sein. So können wir wie die Elefanten werden in Botswana, die es trotz ihrer Geschichte geschafft haben, wieder Vertrauen zu fassen und genau so und nicht anders das Vertrauen in der Welt zu vergrößern. Was sie mir gezeigt haben, ist: Heilung produziert Heilung. Vertrauen produziert Vertrauen. Die eigenen Wunden zu heilen heilt auch die Wunden der Erde. Und wer, wenn nicht wir als Generation des Wandels, als Generation der Möglichkeiten, könnte das schaffen?

Und könnte der alte Baobab sprechen, würde er jetzt vielleicht sagen: »Ich lebe seit Hunderten von Jahren auf der Erde. Ich habe vieles gesehen. Wandel miterlebt. Zeiten und Generationen kommen und gehen sehen. Lass mich dir sagen: Nicht alles ist, wie es scheint. Alles liegt daran, wie du es siehst. Von welcher Seite du es betrachtest. Die Welt von morgen entsteht heute. Sie wächst durch deine Angst. Oder durch dein Vertrauen. Und wenn du vertraust, wirst du vielleicht auf einmal all die Magie der Erde wiedersehen …«

P.P
2000

»SIEH MICH AN: ICH HABE VIELE NARBEN. VIELE VERLETZUNGEN. VIELE WUNDEN, DIE MEINEN WEG GEPRÄGT HABEN. ABER TROTZDEM BIN ICH HEIL. GANZ. STEHE HIER UND BLÜHE. VERTRAUE DEM LEBEN. SIE SIND TEIL MEINER ERFAHRUNG AUF DER ERDE. ABER SIE SIND NICHT ICH. ICH BIN JA SO VIEL MEHR ALS SIE. ODER?«,

SAGT DER NARBENBAUM.

Das Verbunden-statt-online-Ritual

HO'OPONOPONO

WENN WIR AUFHÖREN ZU KÄMPFEN,
LOSLASSEN UND AKZEPTIEREN, WAS WAR,
UNS IN DIE NATUR SETZEN,
EINFACH ATMEN, UNS ÖFFNEN FÜR DAS GUTE,
GESCHIEHT DAS WUNDER:
ES GEHT, WAS GEHEN DARF,
UND SCHAFFT PLATZ FÜR NEUES.
MACHT UNS BEREIT ZU EMPFANGEN.
UND SO KANN SICH ENTFALTEN,
WAS IMMER SCHON IN UNS WAR.

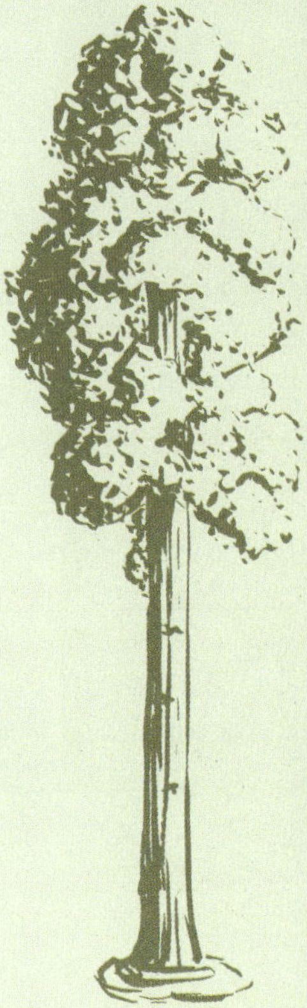

*UM ZU HEILEN,
MÜSSEN WIR MANCHMAL EINFACH NUR
ETWAS LOSLASSEN,
WAS NICHT ZU UNSERER – EIGENEN – NATUR GEHÖRT.*

DER BUSCH VERZEIHT VIELES

»The bush is very forgiving«, heißt es in Afrika, und das bedeutet, die Natur ist nachsichtig mit Fehlern, verzeiht viel mehr, als wir denken. Um Verzeihung geht es auch in diesem Ritual. Es handelt sich um ein uraltes, kraftvolles hawaiianisches Vergebungsritual, das »Ho'oponopono« genannt wird. Es hilft dabei, Altes gehen zu lassen, damit das Leben wieder in den Fluss kommen kann.

I LOVE YOU. I'M SORRY. PLEASE FORGIVE ME. THANK YOU.

Das sind die vier Mantras, die dieses Ritual ausmachen. Suche dir einen Ort, der gute Energie hat. Bei dir zu Hause, in der Natur – wo auch immer du dich wohlfühlst. Ich kann dir empfehlen, dieses Ritual in Neumondnächten zu machen, weil dort die »Neuanfangsenergie« besonders stark ist.

Nimm dir dafür ein leeres Blatt Papier, vielleicht Gegenstände, die dich an die Person, ein Erlebnis, eine Geschichte oder Erfahrung erinnern, der du vergeben möchtest; wenn du magst und damit vertraut bist, auch gerne etwas zum Räuchern oder eine Kerze. Bevor du beginnst, nimm dir einige Minuten Zeit, um bei dir anzukommen. Schreibe anschließend auf, was du vergeben möchtest. Notiere auch, was du dir selbst vergeben möchtest – denn alles hat immer zwei Seiten. Lies deine Worte anschließend laut vor, fühle noch einmal, was du damals gefühlt hast, lass es einfach da sein für ein letztes Mal und sage danach die vier Mantras. Fühle, wie Altes – Schmerzen, Enttäuschungen – gehen darf und so Platz für Neues in dir entsteht. Wenn du magst, verbrenne das Papier danach und übergib die Asche der Erde. Sie nimmt sie auf und lässt vielleicht Neues daraus wachsen … Und wenn du möchtest, kannst du auch die Erde, Tiere oder die Natur um Verzeihung bitten und so die Verbindung zu ihr stärken.

HEILUNG BEGINNT NICHT IM KOPF. HEILUNG BEGINNT IM HERZEN. UND DEM WILLEN DARAUS ZU HANDELN.

Und sei dir bewusst: Du musst nicht alles mit deinem Kopf verstehen. Vertraue darauf, dass Heilung passiert, wenn du sie zulässt und ihr vertraust. Alles, was du in dir heilst, heilst du auch in der Welt. Was es in dir nicht mehr gibt, wird es auch in der Welt nicht mehr geben.

HEILUNG DER ERDE BEGINNT, WENN DU TIEREN IN DIE AUGEN SIEHST. WENN DU EINEN BAUM BERÜHRST. WENN DIR DER WIND UM DIE OHREN WEHST. WENN DU IM WALD DIE VÖGEL SINGEN HÖRST. WENN DU DICH SELBST WIEDER GANZ SIEHST UND AUCH DIE NATUR. IN LIEBE UND VERBINDUNG. OHNE UNTERSCHIED. OHNE TRENNUNG.

Wie viel Magie wohnt in unserer Natur?

WERDE ZUM MOND. SEI DIE SONNE.
UND DIE KLARE LUFT AM MORGEN.
SEI EINE RAUE SEE. UND DAS OFFENE MEER.
SEI DIE DUNKLE NACHT. UND DAS GLITZERN DER STERNE.
SEI ENDLOSE STEPPE. UND WIESEN VOLLER LEBEN.
SEI DAS SINGEN DER VÖGEL.
EIN RAUSCHEN DER BLÄTTER IN DER NACHT.
SEI SCHWEBENDE WOLKEN. UND EIN FALLENDES BLATT.
SEI STERNSCHNUPPEN UND REGEN.
SEI DAS TOR ZUM HIMMEL. UND DIE WURZELN DER ERDE.
TAUCHE EIN IN DAS UNSICHTBARE LAND.
SPÜRE DIE KRAFT.
GLAUBE AN WUNDER. LASS DICH VERZAUBERN.
FINDE DIE MAGIE IN DIR.
DANN WIRD SIE SICH AUCH IM AUSSEN ZEIGEN.

»WIE TROSTLOS WÄRE ES, NICHT AN SIE ZU GLAUBEN?«,
FRAGT DIE NATUR.

Die achte Etappe der Reise:

Die Magie der Erde

Die Natur ist ein Kraftort. Eine Fülle des Lebens. Sie hat viele Wunder und noch mehr gute Energie – kann heilen, gibt Inspiration, ist voller Magie. Und so ist es auch mit der eigenen Natur.

SCHRITT ACHT: SEI DANKBAR. HOL DIR KRAFT IN DER NATUR. SIEH IHRE FÜLLE. HÖR AUF ZU DENKEN. FÜHLE IHRE GUTE ENERGIE!

In der heutigen Zeit rasen wir oft durch die Welt auf der Suche nach Wundern. Wir suchen nach ihnen im Weltall oder in mehr und mehr materiellem Reichtum. Rauschen durch die Zeit, in der Hoffnung, Freude zu finden, aber haben vergessen, einfach hinauszugehen, die Augen zu öffnen und zu sehen, dass wir direkt in einem Wunder der Natur leben. Die Fülle des Lebens ist stets um uns. In ihr herrscht kein Mangel. Nichts, was fehlt. Alles Wissen, das wir heute im Kopf haben, ist wenig im Vergleich zu dem, was wir wieder erfahren, wenn wir beginnen, die Magie wieder in allem zu sehen. Die Natur ist sehr viel mehr, als wir denken. Sie ist gute Energie, volle Kraft, kleine Tiere und große Wunder. Sie kann ein Mentor sein und uns weiterhelfen, wenn wir sie nur wieder fragen und beginnen,die Fülle des Lebens in ihr zu sehen.

JE INTUITIVER DU DURCHS LEBEN GEHST,
DESTO MEHR WIRST DU GEFÜHRT. JE WENIGER DU VERSTEHST, DESTO MEHR WIRST DU ERKENNEN.
JE WENIGER DU SUCHST, DESTO MEHR WIRST DU FINDEN. JE MEHR DU AN MAGIE GLAUBST, DESTO MEHR WIRST DU SEHEN.

Was ich von der Natur für meine eigene Natur gelernt habe, ist: Wann immer du die Magie verlierst, geh hinaus und öffne deine Augen. Wirf einen Blick in die Natur. Nimm das Leben um dich wahr. Sieh die

Schmetterlinge in der Stadt. Die Vögel am Himmel. Die Hummel beim Frühstück … all die Kleinigkeiten, die immer um dich sind. Jeden Tag. Einfach so. Freu dich darüber. Beginne zu staunen. Und die Fülle des Lebens zu sehen. Vergiss nicht, in die Sterne zu schauen. Wenn möglich, jeden Tag. Erkenne, dass alles, was du hast, aus der Natur kommt. Sei dankbar dafür. Und auch für deinen Körper. Dass er atmet. Dass er geht. Dass er dir ein Zuhause gibt, damit deine Seele auf der Erde ihren Weg gehen darf. Sieh die Magie in ihm. Spüre die Fülle in deiner eigenen Natur. Erinnere dich, auf welchem Wunder du jeden Tag stehst: einer schwebenden Kugel im All. Wenn das keine Magie ist, was dann? Also wage dich hinter deinen Verstand. Lass zu, die Natur nicht nur zu sehen, sondern sie zu fühlen. Sie nicht zu begreifen, sondern ihre Energie zu spüren. Stärke dich in ihr oder frag sie um Rat. Erkenne, dass sie nur darauf wartet, dass du sie wieder siehst, wie sie ist. Und such dir jeden Abend mindestens fünf Dinge, für die du der Natur dankbar sein kannst. Du wirst sehen, es bleibt nie dabei.

WUNDER SIND IMMER UM DICH. WENN DU KEINE SEHEN KANNST, HAST DU NUR VERGESSEN, AN DEN RICHTIGEN ORTEN NACH IHNEN ZU SUCHEN.

Und sei dir bewusst: Je mehr du die kleinen Wunder siehst, desto mehr passieren die großen. Je mehr du an die Magie der Erde glaubst, desto mehr wird sie sich dir zeigen.

Je weniger Antworten zu hast, desto mehr wirst du feststellen, dass das okay ist, weil du dich genauso von der Magie der Erde leiten lassen kannst …

Reflexion

für die eigene Natur

KÖNNEN TIERE AUF SAFARI GEHEN?
WO KANNST DU DIE MAGIE UND DIE FÜLLE DES LEBENS IM ALLTAG WIEDERENTDECKEN?
FÜR WELCHE KLEINIGKEITEN KANNST DU DANKBAR SEIN?
UND AN WELCHE GROSSEN WUNDER ERLAUBST DU DIR ZU GLAUBEN?

DIE MAGIE DER ERDE
ODER AUCH: DIE FÜLLE DER NATUR

»Alles in der Natur – jede Blume, jeder Baum, jedes Tier – hat uns Wichtiges zu lehren, wenn wir einfach nur innehalten, schauen und lauschen.«

ECKHART TOLLE

Es ist eine meiner letzten Nächte in Afrika. Wir sitzen zusammen beim Abendessen, als wir plötzlich ein Geräusch im Gebüsch hören. Eine kleine Bewegung – minimal –, die fast lautlos ist, aber intuitiv kann ich sie spüren, denn meine Sinne haben sich hier draußen mit der Zeit verändert. Sofort steht ein Ranger auf, nimmt seine Taschenlampe und leuchtet in die Dunkelheit. Nichts. Er dreht eine kleine Runde im Camp, geht näher zum Gebüsch, um zu sehen, ob dort etwas lauert. Reflektierende Augen? Ein Pfotenabdruck im Sand? Wieder nichts. Und so setzt er sich zurück an den Tisch, und wir essen weiter.

Und auf einmal steht er da, der Leopard. Bewegt sich nur zwei bis drei Meter an unserem Tisch vorbei. Sieht uns an, mit seinen grünen Augen, schenkt uns einen intensiven Blick und lässt unseren Atem stocken. Nur einige Sekunden später ist er wieder verschwunden, und wir bleiben mit offenen Mündern zurück. Der Ranger dreht sich zu uns um und sagt: »Der war nur neugierig, wer hier so wohnt.«. Die Anspannung fällt von uns ab, und alle beginnen schallend zu lachen. Bei dieser Begegnung mit dem Leoparden hatte ich einen Riesenrespekt, aber keine Furcht. Natürlich ist er ein wildes Tier, nicht zu unterschätzen, aber er ist auch ein neugieriges Wesen, und darüber bin ich froh, denn ich kann heute für mich sagen: Nichts ist magischer, als einem Leoparden in die Augen zu sehen. In seine tiefe, unendlich blaugrüne Seele zu blicken, die wirkt, als sei sie das Tor in eine andere Welt. Und nichts ist magischer, als sich von Mensch zu Mensch im selben Moment zu begegnen. Auf Augenhöhe mit der Dunkelheit der Nacht. Im Lachen, im Staunen, im Respekt, in der Furcht, in der Neugier, in der Freude … das verbindet. Das ist das Tor in die andere Welt, das mir der Leopard geöffnet hat. Ein Tor zur Magie der Erde, mit all seiner Kraft und guten Energie. Ein Tor in die Fülle der Natur, die stets für uns da ist.

»Wenn du die Magie verlierst …

… ERINNERE DICH AN DAS FALLEN DER TROPFEN.
AN DAS SCHWEBEN DER BLÄTTER IM WIND.
AN EINE LACHENDE BLUME IN DER SONNE.
UND AN DIE GUTE ENERGIE IM WALD.
GEHE EINFACH HINAUS
UND MACHE DIE AUGEN AUF.
DIE MAGIE IST IMMER DA, WO DU SIE FINDEN WILLST!«,

SAGT DIE NATUR.

Little Lesson

FROM NATURE

JEDEN TAG ZEIGT SICH DIE NATUR VOR UNSEREN NASEN, TÜREN, STRASSEN, FÜSSEN ... IN DEN KLEINSTEN KLEINIGKEITEN: DAS LEBEN IST PERFEKT, EIN WUNDER, UND SCHÖN, GENAU SO, WIE ES IST.

Die Natur hat die Antworten

Die indigene Völker – zu denen wir uns alle einmal zählten – sahen die Natur seit jeher als Mentor. Als Lehrer für sich selbst. Als jemanden, der in Symbolen spricht und sehr aktiv kommuniziert, und ich sehe das mittlerweile nicht anders. Denn wenn ich darüber nachdenke, was ich bis heute alles von dem alten Baobab gelernt habe, was an verborgenem Wissen in Bäumen wohnt, das jeden Tag einfach so vor unseren Haustüren wächst, dann bin ich mehr als nur überzeugt: Die Natur hat eine geheime Sprache, die uns helfen kann, auch uns selbst wieder besser zu verstehen. Sie spricht zwar nicht in Worten zu uns, und nicht so, wie wir es von uns selbst gewohnt sind, dafür aber in Zeichen und Energie. Sie gibt subtile Hinweise. Sendet Antworten und spiegelt uns in so vieler Hinsicht wider.

Von mir selbst kann ich berichten, dass mir die besten Texte immer dann eingefallen sind, wenn ich in der Natur war. Wenn ich an einem Baum vorbeiging, waren da auf einmal Worte. Sätze, die ich nicht gedacht habe, sondern die mich gefunden haben. Stimmen der Natur, die sich offenbar mit der Stimme meiner eigenen Natur verbunden haben und so durch mich fließen konnten. Und auch alles, was ich über den alten Baobab schreibe, ist nicht etwas, was ich mir mit dem Kopf ausgedacht habe, sondern ein Wissen, das plötzlich in mir war.

Ich habe das Gefühl, auf eine gewisse Art und Weise war ich einfach offen für die Botschaft der Natur oder auch das Wissen, das im alten Baobab wohnt. Und meine einzige Aufgabe war es, diese nicht zu hinterfragen, sondern sie anzunehmen und Danke dafür zu sagen.

Genau das aber ist nicht etwas, das nur mir vorbehalten ist, denn so ist es mit allem in der Natur: Das Wasser kann uns zu fließen lehren. Es kann uns dabei helfen, uns zu reinigen und wieder klarer zu sehen. Von Mineralien, Bergen und Steinen können wir lernen, uns zu erden. Sie helfen uns, den Boden nicht unter den Füßen zu verlieren. Vom Wind können wir lernen, was Bestand hat und was nicht. Er ist oft unangenehm, weil er vieles aufwühlt, aber genau damit kann er uns helfen fortzuwehen, was nicht zu uns gehört.

Von Tieren können wir lernen, im Moment zu sein. Sie helfen uns, uns so zu zeigen, wie wir sind. Und von den Pflanzen und Bäumen können wir lernen, was es heißt, starke Wurzeln zu haben, zu wachsen und zu blühen. Sie helfen dabei, unseren Weg im Rhythmus der Natur zu gehen.

Mir ist klar, es mag seltsam klingen, für unser modernes, rationales Verständnis von der Natur. Für die Sicht auf sie und auch auf uns selbst, die wir uns mit der Zeit gebaut haben. Aber wenn ich eines von der Natur gelernt habe, dann ist es, die kleinen Dinge wieder als riesengroß zu sehen. Sie nicht als selbstverständlich zu nehmen, sondern im Gegenteil, sie – wie einst die indigene Völker – wieder als Mentor zu sehen. Erst recht in dieser Zeit, wo irgendwie die Orientierung verloren gegangen ist. Und fragen kostet nichts, oder?

Was ist die Magie der Natur, alter Baobab?

»DIE NATUR GIBT STILLE.
STILLE, UM EINFACH NUR ZU SEIN.
SIE GIBT RAUM. LÄSST ATMEN.
AKZEPTIERT, WIE DU BIST.
MIT ALLDEM LICHT. UND ALLDEM SCHATTEN.
SIE SIEHT HINTER MASKEN.
BELÜGEN KANNST DU SIE NICHT.
DAFÜR DARFST DU IHR VERTRAUEN.
DASS DAS LEBEN IMMER DA IST.
IMMER WEITERGEHT. EGAL WAS PASSIERT.
MIT ALL SEINEN WUNDERN. MIT ALL SEINER FÜLLE.
MIT DER DU DICH STETS VERBINDEN KANNST.
UND MIT DIESER ATTITÜDE ZEIGT SIE,
WAS LIEBE HEISST.
UND WAS ES HEISST, GELIEBT ZU WERDEN.
DAS IST DIE MAGIE!«,

SAGT DER ALTE BAOBAB.

Die Magie von Mama Gaia

Nicht nur die Natur an sich, sondern auch die Erde als Ganzes ist ein Wunder und ein ganz spezieller Kraftort. Und zwar aufgrund ihrer unsichtbaren Energie.

Ob wir es Seele nennen, Herzschlag, lebendiger Organismus – es ist nicht relevant, denn auf jeden Fall ist etwas in ihr, das wir fühlen können und das uns Kraft schenkt, wenn wir uns an ihren ursprünglichen Orten bewegen.

Erst kürzlich hat mir eine Schamanin erzählt, dass die Erde einen tatsächlich »rufen« kann. Dass es sogenannte »Initiationsorte« gibt, an denen eine ganz spezielle Energie herrscht. Sie meinte: Wenn man intuitiv zu einem Ort auf der Erde gezogen wird, dann sollte man diesem Gefühl, dem inneren Ruf folgen, weil es dann darin etwas für die eigene Seele zu holen gibt – wie für mich damals in Afrika.

Auch im Rahmen meiner Recherchen bei den indigene Völkern habe ich herausgefunden, dass nicht nur unser Körper, sondern auch der Körper der Erde durchzogen ist von Energielinien, den sogenannten »Ley-Linien«, denen man nachsagt, dass sogar Elefanten auf ihnen wandern. Wenn sich zwei dieser Ley-Linien kreuzen, spricht man sehr oft von Kraftorten, also Plätzen, die eine sehr spezielle Energie haben. Und auf diesen Kraftorten findet man alten Überlieferungen zufolge viele bekannte Bauwerke, wie Kirchen, Pyramiden, Stonehenge oder Pilgerwege. Die meisten von ihnen verlaufen entlang ihrer Ströme. Wie faszinierend. Ob das alles ein Zufall ist?

Möglicherweise. So oder so, ich finde es spannend, sich genau dafür zu öffnen, denn all dieses Wissen findet man bei indigene Völkern, all dieses Wissen war einmal Teil unserer Welt, ist aber heute aus der Art und Weise, wie wir mit der Erde umgehen, verschwunden. Es wirkt fast so, als hätte es nie existiert. Als sei die Magie der Erde verloren gegangen. Wie kann das nur sein, frage ich mich immer. Denn offenbar gab es eine Zeit, in der nicht einfach so in die Erde hineingebohrt wurde, in der man sie nicht einfach so ausgebeutet hat, in der nicht überall ihre Natur zugepflastert wurde, sondern in der man ganz bewusst darauf achtete, dass dieses Energiefeld aufrechterhalten wird.

Und wissen wir nicht auch von uns selbst nur zu gut, welche Kraft wir von der Erde bekommen können? Dass sie auf ihre Art und Weise zu uns spricht und uns hilft, unseren Weg hier auf der Erde zu finden: Wenn wir traurig sind, können wir uns ihre Lebensfreude borgen. Wenn wir nicht weiterwissen, können wir uns in ihr Gewissheit holen, dass das Leben immer einen Weg findet. Wenn wir voller Freude sind, können wir hinausgehen und diese Freude immer mit ihr teilen. Wenn uns diese Welt zu laut ist, können wir uns ihre Stille borgen. Wenn alles zu eng wird, können wir in ihr Raum finden. Wenn uns die Nachrichten zu negativ sind, können wir uns mit ihrer guten Energie verbinden. Und wenn wir müde sind, können wir uns in ihrer Natur aufladen.

Wenn wir wütend sind, können wir uns ihr Mitgefühl borgen, das sie gegenüber der Menschheit an den Tag legt. Wenn wir uns in dieser Welt verloren fühlen, können wir in ihrem Gleichgewicht immer einen Platz für uns finden.

Wenn wir unseren Weg aus den Augen verlieren, können wir uns von ihr die Gewissheit holen, dass das Leben seit Millionen von Jahren immer einen Weg gefunden hat. Und last, but not least: Wenn wir denken, wir könnten unser Leben auf morgen verschieben, lehrt uns ihr Kreislauf des Lebens, dass nichts für immer bleibt und dass wir Träume, Pläne und Abenteuer besser nicht auf später verlegen, sondern versuchen sollten, sie jetzt und wann immer es geht mit Leben zu füllen.

Die Hand von Mama Gaia ist immer ausgestreckt. Ihre Seele ist immer da, um uns aufzufangen. Und ihre Magie ist immer bereit, sobald wir bereit sind, sie zu sehen und uns in ihre Arme zu werfen. Wieder Teil des Mysteriums des Lebens zu werden. Aufhören, alles immer nur begreifen zu müssen, und zu fühlen beginnen, was jenseits unserer rationalen Gehirnhälfte liegt: nämlich die Magie der Erde!

Egal wie wenig Magie du gerade siehst …

… egal wie mühsam, aussichtslos, verfahren gewisse Zeiten wirken: Wir können immer, immer, immer in die Natur gehen, und die Natur wird immer, immer, immer da sein!

Sie wird uns schöne Tage schenken. Sie wird uns Sonnenuntergänge präsentieren. Sie wird uns mit grünen Wiesen empfangen. Sie wird uns Konzerte aus Regen spielen. Und wir, wir können in den Himmel schauen und so die Sterne in uns entdecken. Wir können die Füße auf den Boden stellen und so die Wurzeln in uns finden. Wir können Stille einatmen und uns so auch selbst wieder hören. Wir können in das Wasser gehen und so wieder zum Fluss werden.

Immer, immer, immer sind da draußen Vögel, die singen, und Leoparden, die mit uns durch die schlaflose Nacht wandern. Immer ist dort Leben. Und das wird uns daran erinnern, dass auch wir am Leben sind. Dass wir hier sind, um genau das zu spüren. Und die Magie darin zu finden.

Stimmt's, alter Baobab?

Die Magie des Mondes

Es war ein warmer Abend in Südafrika. Wir gingen am Lions Head bergab, einem Berg mitten in Kapstadt. Die Luft war weich und warm. Niemand sprach. Jeder war nur mit sich und im Moment. Setzte einen Fuß vor den andern. Hörte auf die Stille der Natur. Und plötzlich verwandelte sich der Himmel in eine Bild voll Magie und endloser Schönheit. Der Mond ging auf, und Venus sagte: »Guten Abend, Ladys und Gentlemen, genießen Sie Ihren Weg nach Hause. Ist es nicht wunderbar, auf der Erde zu leben?«

Und in der Ferne hörte ich den alten Baobab leise singen, während er in den Sonnenuntergang blickte: »I see skies of blue and clouds of white, the bright blessed day, the dark sacred night, and I think to myself, what a wonderful world …« – »Stimmt«, würde er vermutlich sagen, »stimmt genau. Jetzt siehst du, was ich sehen kann. So sind wir nicht nur sichtbar, sondern auch unsichtbar verbunden.«

»ICH SEHE AUS WIE EIN WALD. WIE WEISSE BÄUME. AUF GRÜNEM GRAS. ABER WENN DU IN MIR BIST, KANNST DU RUHE FINDEN. STILLE ZWISCHEN MEINEN ÄSTEN. WÄRME IN MEINER LUFT. UND KÜHLE AUF MEINEM BODEN. ICH BIN IMMER DA. MIT MEINER GUTEN ENERGIE. UND JEDERZEIT KANNST DU DICH MIT IHR VERBINDEN«,

SAGT DER MAGISCHE FEVER-TREE-FOREST.

Das Verbunden-statt-online-Ritual

DER INTUITIVE WALDSPAZIERGANG

WENN WIR IN DER NATUR SIND,
PASSIERT ETWAS MAGISCHES:
UNSERE ENERGIE TAUCHT EIN IN DIE ENERGIE
DER NATUR. VERBINDET SICH MIT DER HOHEN
SCHWINGUNG DER ERDE. LÄDT UNS AUF. FÜLLT UNS AN.
BREITET DIE STILLE IN UNS AUS.
HÜLLT UNS EIN MIT IHRER DECKE AUS KRAFT.
UNSICHTBAR SPIELT SIE IHREN BESTEN ZAUBERTRICK.
ERINNERT UNS DARAN,
DASS ALLES LEBEN EIN WUNDER IST.
UND DASS DIE MAGIE ÜBERALL ZU FINDEN IST.

*UM DIE MAGIE ZU ENTDECKEN,
MÜSSEN WIR MANCHMAL EINFACH NUR
DIE AUGEN ÖFFNEN UND SEHEN,
WELCHES WUNDER UNSERE – EIGENE – NATUR IST.*

AB IN DEN WALD, HINEIN IN DIE BAUMMAGIE

Für mich gibt es zwei Arten, in der Natur zu sein: rational oder intuitiv. Ersteres passiert mit dem Kopf, Letzteres mit der Seele. Ersteres ist ein Weg, der Natur im Äußeren zu begegnen, Letzteres im Inneren. Ersteres geht davon aus, dass wir nur Zellen sind, Zweiteres erkennt an, dass alles Energie ist und dass die eine Energie nichts von der anderen trennt. Das ist der Punkt, wo die Magie der Erde für mich beginnt.

WENN DU LANGE GENUG IN DER NATUR BIST, IST DIE NATUR MIT DIR. NIMMT DICH IN DEN ARM. LÄDT DICH AUF. MIT SONNE. GUTER ENERGIE. WUNDERBAREN TIEREN. UND LACHENDEN BLUMEN.

Such dir ein Waldstück oder einen anderen Ort in der Natur. Sei dir darüber klar: Die Energie der Natur wird sich automatisch mit deiner Energie verbinden. Du trittst ein in ein Feld aus hoher Schwingung, das dich aufladen und dir helfen kann, klarer zu sein. Versuch also nicht, mit dem Kopf spazieren zu gehen, sondern leg den Fokus auf das Spüren. Beobachte, wie du dich zu Beginn fühlst, und wie danach. Wie verändert sich deine Energie? Was kommt dir intuitiv an Bildern oder Gedanken in den Sinn? Welche Tiere begegnen dir, und was könnte ihre Botschaft sein? Welche Fragen hast du, die du der Natur stellen möchtest? Welche Antworten bekommst du darauf? Zu welchen Bäumen zieht es dich hin? Welche Kräuter sprechen dich an? Lass dich einfach von deiner Intuition leiten. Sei offen und lass dich einfach auf die Magie der Erde ein. Alles andere geschieht dann von selbst.

Was ist die Verbindung mit unserer Natur?

WILLKOMMEN AUF DER ERDE!
LOS! MACH DEINE AUGEN AUF! ICH HABE DICH ERWARTET.
LASS UNS TANZEN.
KOMM HER, SEI NICHT SCHÜCHTERN.
DREH DICH, BEWEG DICH.
HÖRE DEN TAKT, LAUSCHE DEN KLÄNGEN.
FOLGE DEN SCHRITTEN. DREH DICH IM KREIS MIT MIR.
FÜHLT ES SICH SCHWUMMRIG AN? GUT!
WIRBLE UMHER. SEI VOR KEINER DREHUNG SICHER.
DAS IST ES, WAS LEBENDIG MACHT. FREUDE VERSPRÜHT.
DREI SCHRITTE VOR. ZWEI SCHRITTE ZURÜCK.
ÜBEN. ÜBEN. ÜBEN.
HINGEFALLEN? AUFSTEHEN!
CHA-CHA-CHA.
UMARME, FÜHLE, SPÜRE DIE BEWEGUNG IN DIR.
SEI LEICHT UND FREI. TANZE VOLLER FREUDE MIT DEM LEBEN.
DENN GENAU SO IST ES GEDACHT.

*»WAS FÜR EINE VERSCHWENDUNG WÄRE ES, EINFACH NUR STILLZUSTEHEN?
FRAGT DIE NATUR.*

Die neunte Etappe
der Reise:
Der Tanz des
Lebens

Alles in der Natur ist verbunden. Nichts existiert getrennnt. Ist ein Kreislauf des Lebens. Ein Tanz aus Gleichgewicht. Hier, um sich zu leben. Die eigene Natur ist ein Teil davon.

SCHRITT NEUN: ERINNERE DICH AN DAS, WAS DU BIST. VERBUNDEN. EIN TEIL DER NATUR. LEBE EINFACH. HABE FREUDE. SEI.

In der heutigen Zeit leben wir nach einem Mindset, das uns als getrennt von der Natur sieht und vergessen hat, dass wir ein Teil von ihr sind. Wir haben verlernt hinauszugehen, uns barfuß auf die Erde zu stellen, uns mit ihr zu verbinden, das Leben darin zu spüren und zu sehen, dass weder die Natur noch wir selbst hier sind, um zu leisten und nur einen Zweck zu erfüllen, sondern im Gegenteil: zu leben und zu sein. Dass das Leben hier ist, um gelebt zu werden und Freude daran zu haben. Genau deshalb gilt für die Natur mehr denn je das Gleiche wie für die eigene Natur: Es geht darum, sie wieder auszuwildern. Zurückzukehren zu ihren und damit unseren Wurzeln. Zur Verbindung, die von Natur aus in allem wohnt. Und das heißt: Sein statt haben. Verbindung statt Trennung. Vertrauen statt Angst. Fülle statt Mangel. Mut statt Wut. Geben statt nur nehmen. Liebe statt Kampf. Leben statt leisten Tanzen statt stillstehen

WENN DICH DAS LEBEN AUF EINEN TANZ EINLÄDT, EGAL WIE SCHNELL ODER LANGSAM ER IST, EGAL WIE VIEL DU DAFÜR ÜBEN MUSST, SAG JA. UND SAG ES MIT FREUDE. FÜHLE DIE BEWEGUNG. JEDE SEKUNDE. TANZE. LEBE. SEI. UND STECKE ANDERE DAMIT AN!

Was ich von der Natur für meine eigene Natur gelernt habe, ist: Die Verbindung zur eigenen Natur ist das Wichtigste, was du haben kannst.

Egal was im Außen passiert, sie ist der Kraftort in dir. Der Ort, aus dem du alles schaffen kannst. Also halte sie aufrecht. Bewahre sie wie einen Schatz. Gehe gemeinsam mit ihr offen auf das Leben zu. Tanze mit ihm. Fall hin und steh wieder auf. Nimm alles, wie es kommt. Sieh es als Teil deiner Erfahrung. Vertraue auf den Plan. Immer. Aber stresse dich nicht damit. Fließe wie ein Fluss. Wandere durch die Wildnis. Lasse dich treiben von der Freude. Nutze deine Zeit. Dein Leben. Verbringe es mit dem, was du liebst. Sieh das Leben als keinen geraden Weg. Sondern als ein Wandern der Seele auf der Erde. Als ein unperfektes Durcheinander. Als Schritte vor und wieder zurück. Wie bei einem Tanz. Als eine Reise, die nie zu Ende ist. Gehe hinaus in die Natur. Erkunde die Erde. Vergiss nie zu lachen. Laut. Bleib für immer neugierig. Hör nie auf zu entdecken. Werde nie müde, dein Leben zu leben. Und dem Leben an sich, allem in der Natur, Achtung und Wert zu schenken.

DU BIST NICHT HIER, UM ZU FUNKTIONIEREN.
DU BIST HIER, UM ZU LEBEN.

Und sei dir bewusst: Die Welt gibt einem manchmal das Gefühl, nur einer von tausend zu sein. Geboren, das System zu füttern. Aber das stimmt nicht. Deine Energie kann die Energie der Welt wandeln. Was deine Seele zu sagen hat, ist wertvoll. Was deine Natur ist, ist hier, um gelebt zu werden. Und wann immer du das vergisst, geh in dich, verbinde dich mit dir selbst und erinnere dich an diese Wahrheit in dir!

MANCHMAL MÜSSEN WIR NUR DIE VERBINDUNG ZU UNS SELBST ENTDECKEN, UM SIE AUCH WIEDER IN ALLEM ANDEREN ZU SPÜREN.

Reflexion

für die eigene Natur

SPÜRST DU DAS LEBEN IN DIR?
HAST DU LUST, MIT IHM ZU TANZEN?
WAS MACHT DEINE FÜSSE DRECKIG
UND BRINGT DEINE AUGEN AM ENDE DES
TAGES ZUM GLÄNZEN? ICH BIN, WEIL …

DER TANZ DES LEBENS
ODER AUCH: DIE VERBINDUNG DER NATUR

»Ubuntu. Ich bin, weil du bist.«

AFRIKANISCHE WEISHEIT

Wir kamen zufällig an einem Wasserloch vorbei, an dem sich eine Elefantenherde tummelte. Es war heiß, und alle Elefanten standen am Rande des Wasserlochs, um zu trinken und sich abzukühlen. Bis auf einen Elefanten, der war im Wasser. Nur seine Ohren, sein Rüssel und sein Kopf ragten heraus. Er trank nicht. Er tollte im Wasser herum. Sprang nach oben – sofern man das von einem Elefanten behaupten kann – und ließ sich wieder hinunterplumpsen. Er saugte Wasser in seinen Rüssel und versprühte es in der Gegend. Bewegte sich wie wild. Sein Verhalten erfüllte keinen Zweck. Es war pure Freude. Freude am kalten Wasser. Freude am Leben im Moment. Einfach nur zu »sein«. Seine Natur zu leben. So, wie sie ist. Da. Mit der Herde.

Ihm zuzusehen hat mir persönlich und unverhofft eine Antwort gegeben auf eine der wohl meistgestellten Fragen in dieser Zeit – die sowohl uns als auch der Natur so viel Leistung abverlangt – und die ich auch mir selbst – vor meiner Reise nach Afrika – sehr oft gestellt habe. Sie lautet: Warum sind wir hier? Was ist der Sinn und Zweck?

Und wie erwähnt: Wenn man der Natur eine Frage stellt, antwortet sie. Immer. In meinem Fall hat sie das mit einem freudigen Elefanten getan. Öffnen wir uns für einen kurzen Moment gemeinsam für sie: Was ist, wenn das der Grund ist, hier zu sein? Was ist, wenn das Leben selbst der Grund ist, am Leben zu sein?

Was ist, wenn Luft zu atmen, Wasser zu spüren, sich zu bewegen, die kleinen Zehen zu fühlen der Sinn des Lebens ist? Was, wenn es darum geht, einfach lebendig zu sein. Verbunden mit sich, mit der Erde und allem, was es auf ihr zu finden gibt? Was, wenn das alleinige Erleben der Sonnenaufgänge Grund genug ist? Wenn es nicht mehr braucht? Was, wenn sich zu spüren, mit allen Hochs und Tiefs, der Sinn ist? Zu tanzen durch den Moment, ihn zu fühlen und zu erleben, genau so, wie er ist? Was ist, wenn all die guten und schlechten Momente Teil dieses

Grundes sind? Hinfallen ebenso wie Wieder-Aufstehen? Freude versprühen ebenso wie Weinen? Was ist, wenn alles genau so gedacht ist, wie es ist? Was, wenn es darum geht, genau das zu leben und eine gute Zeit damit zu haben? Jeden Moment bewusst zu erleben und ihn genau so zu nehmen, wie er ist?

Und was, wenn es die Erde gibt, damit wir als Seele genau das erfahren dürfen? Was, wenn das ihr Sinn im unendlich schwarzen Meer ist? Was, wenn im Austausch mit dem Leben zu sein der Grund ist, warum wir hergekommen sind? Als Teil einer Verbindung, einer Natur, in der genau das möglich ist?

Wäre das nicht eine der besten Antworten, die man finden kann? Eine der besten Antworten auf die Frage, die man dieser Zeit geben kann, weil man es geschafft hat, lange genug der Natur zuzuhören? Dem alten Baobab zu lauschen? Und dem Elefanten beim Herumtollen im Wasser zuzusehen?

Was macht das Leben lebenswert?

»WENN MENSCHEN IN DEIN LEBEN STOLPERN,
WIEDER HINAUSGEHEN, UND ES DENNOCH PASST.
WENN DU DICH SELBST UND ANDERE UNENDLICH
LANGE KENNST UND ES DIR TROTZDEM ERLAUBST,
DICH IMMER WIEDER NEU ZU ERFINDEN, OHNE DEN
GEMEINSAMEN NENNER ZU VERLIEREN.
WENN BEZIEHUNGEN EGAL WELCHER FORM LEBENDIG SIND.
WENN ALLES AUF SEINE ART WÄCHST UND DU ZUSEHEN
KANNST, WIE ALLES SEINEN LAUF NIMMT.
WENN DU GLÜCK HAST UND DIE CHANCE BEKOMMST,
ANDEREN BEIM WACHSEN ZUZUSEHEN UND ZU WISSEN:
ANDERSRUM IST ES GENAUSO.
WENN DU DADURCH ZU IMMER NEUEN WEGEN INSPIRIERT
WIRST UND NIE MÜDE WIRST, DEM ABENTEUER ZU FOLGEN,
DURCH DIE WILDNIS DEINES LEBENS. AUF DEN SPUREN
DEINER SEELE. DEM TRAMPELPFAD, DEN SIE DIR ANBIETET –
DENNOCH IMMER DEN EIGENEN NORDSTERN IM BLICK,
WISSEND, DASS, EGAL AN WELCHEM ORT JEMAND GERADE
IST, DIE STERNE FÜR ALLE GLEICH AUSSEHEN UND MAN SICH
DARIN JEDERZEIT GEMEINSAM FINDEN KANN.
DAS IST DIE ECHTE VERBINDUNG. NICHT WAHR?«,

SAGT DIE NATUR.

Ich bin, weil du bist!

Die Geschichte des freudigen Elefanten mag nur ein kleiner Moment sein, aber die Botschaft der Natur, die sich darin verbirgt, ist umso größer. Für mich lautet sie: Egal wie unterschiedlich wir sind, egal woher wir kommen, wie wir leben, was uns trennt – Meinungen, Weltbilder, Nationalitäten, Glaube –, eine Sache haben wir gemeinsam: Wir sind Teil der Natur. Und die Natur ist Teil von uns. Über sie sind wir verbunden. Sie macht uns alle gleich.

Was wir im Elefanten sehen dürfen, ist genau das: Freude fühlt sich für alle gleich an. Traurigkeit fühlt sich für alle gleich an. Verlust fühlt sich für alle gleich an. Angst, Scham und Liebe fühlen sich für alle gleich an. Und auf dieser Ebene, auf der Ebene unserer Natur, gibt es keine Trennung. Es gibt nur Verbindung. Zu sich. Zu anderen Lebewesen. Zur Natur. Zur Erde. Zum Leben selbst. Für mich ist die Natur die Seele allen Lebens auf dieser Erde.

In Afrika gibt es dafür ein Wort: Ubuntu. Es ist eine alte Weisheit, die besagt: Ich bin, weil du bist. Das bedeutet: Ich bin, weil der Baum ist. Der Baum ist, weil ich bin. Ich bin, weil die Erde ist, und die Erde ist, weil ich bin. Ich bin, weil der Elefant ist, und der Elefant ist, weil ich bin. Ich bin, weil Pflanzen sind, und Pflanzen sind, weil ich bin. Ich bin, weil du dieses Buch liest, und du bist, weil ich es geschrieben habe.

Nichts in der Natur existiert unabhängig, das hat mich der alte Baobab wie kein anderer gelehrt. Nur weil er verbunden mit seiner eigenen Natur ist, verwurzelt in sich selbst, konnte er so alt werden. Nur weil er auf diese Art und Weise mit seiner Umgebung verbunden ist, lebt er überhaupt. Auch er existiert nicht unabhängig. Alles rund um ihn ist, weil er ist, und er ist, weil alles rund um ihn ist. Auch der bekannte Förster und Autor Peter Wohlleben beschreibt in seinen Büchern und Dokumentationen, dass kein Baum unabhängig existieren kann. Damit ein Baum wirklich gesund und gut leben kann, braucht er andere Bäume. Er muss im Austausch mit ihnen stehen. Seine Wurzeln sind unterirdisch mit anderen Wurzeln verbunden, und so unterstützen sich Bäume, unsichtbar für unsere Augen. Ihre Verbindung ist immer da, auch wenn wir sie nicht sehen, und so ist es auch bei uns und mit allem Leben auf der Erde.

Die Verbindung zu unserer – eigenen Natur – ist das Stärkste, was wir haben können. Sie trägt uns, gibt uns Halt, und aus ihrer Stärke heraus können wir auch für andere etwas tun. Uns gegenseitig nähren, austauschen, bereichern, geben und nehmen, so wie es in einer Verbindung ist. Alles ist, weil alles ist.

Die Sache im Umgang mit der Natur in der heutigen Zeit ist für mich also die: Wir sind nicht die Besitzer der Erde, nur weil wir es irgendwann einmal in der Geschichte angenommen haben. Wir sind nicht die Könige der Tiere. Wir sind nicht die Herrscher der Pflanzen. Wir thronen nicht auf den Mineralien. Wir sind nicht die Gärtner. Wir sind selbst die Bäume, Blumen … wir sind ein Teil davon. Wir stehen mit ihnen auf Augenhöhe. Jeder kann aus seiner Natur heraus einen einzigartigen Beitrag für das Gleichgewicht der Erde leisten. Wir sind nicht hier, um getrennt zu sein, wir sind hier, um Verbindung mit der Natur zu erleben und uns gegenseitig zu bereichern.

Wir sind hier, um das Leben zu gestalten, es mit Verbindung zu führen, die Wildnis wachsen zu lassen, kreativ zu sein und sich mit allem Leben auf der Erde auszutauschen.

Wir sind keine Monokulturen, bei denen ein Baum gleich aussieht wie der andere, wo die Bäume in Reih und Glied stehen, in genauen Abständen. Wir sind ein bunter Wald. Mit Sträuchern und Tieren und Büschen und verrückten Vögeln und Käfern und Pflanzen, und durch die Verbindung zwischen alldem funktioniert der Wald. Erst durch die Vielfalt wird er zur Einheit. Und weil es den bunten Wald gibt, gibt es wieder die Erde in ihrer lebendigen Form. Erst die Verbindung selbst macht alles lebendig und erlaubt es uns auch selbst, am Leben zu sein. Das ist Ubuntu. Das ist das Bewusstsein, das alles ausmacht. Das Bewusstsein, das verloren gegangen ist. Das Bewusstsein darüber, dass wir selbst die Natur sind!

Warum auch immer dieses Bewusstsein verloren gegangen ist – irgendwann am Weg, irgendwann in unserer Angst, irgendwann in unserem grenzenlosen Schaffensdrang –, die Antwort darauf zu kennen ist nicht wichtig, wichtig ist nur zu wissen, dass wir nicht diese Trennung sind, sondern das Gegenteil davon. Und da ist keine äußere Kraft, sondern nur wir selbst, die dieser Verbindung wieder Leben einhauchen.

Little Lesson

FROM NATURE

LIEBE IST LIEBE. FREUDE IST FREUDE.
TRENNUNG IST EINE ILLUSION!

Alles beginnt mit der Verbindung zu sich selbst!

Immer wieder höre ich, dass es Luxus sei, seinen Weg zu gehen, seine eigene Natur zu leben. Vielleicht sogar egoistisch. Dass man sich das leisten können muss und dass es nicht darum geht, sich selbst zu leben, sondern dass die Welt besser werden muss, damit es auch uns selbst besser gehen wird.

Lange Zeit war ich selbst eine große Meisterin darin, das so zu sehen. Mir eine bessere Welt zu wünschen, in der Hoffnung, dass dann auch für mich alles besser wird. Aber die Natur höchstpersönlich hat mich eines Besseren belehrt und mir auf wunderschöne, aber auch gnadenlos ehrliche Weise gezeigt: Wir können die Natur nicht »retten« oder uns nicht immer eine bessere Welt wünschen, wenn wir nicht beginnen, bessere Menschen zu sein. Es ist leicht, die Verantwortung abzugeben, sich zu empören über all jene, die etwas falsch machen. Es ist leicht, andere Meinungen schlechtzureden, Probleme zu sehen und im Außen zu suchen, was man im Innen nicht hat, aber die richtig schwere Arbeit – das weiß ich von meiner eigenen Reise –, ist es, bei sich selbst zu beginnen. Das Spiegelbild, das man im Außen von sich selbst hinterlässt, ernst zu nehmen, anstatt es zu ignorieren und schnelle Lösungen dafür zu finden. Worum es geht, ist, die Reflexion zu akzeptieren und sich selbst darin zu sehen. Die Krisen der Zeit, die Probleme mit der Natur, das Fehlen der Verbindung, nicht in anderen anzuklagen, sondern in sich selbst zu entdecken und dort anzusetzen. Denn wenn wir uns ernsthaft und ehrlich als Teil der Natur, als Teil eines Gleichgewichts auf der Erde betrachten, dann gibt es eine Wahrheit, an der man nicht vorbeikommt: Was wir persönlich in die Verbindung einbringen, wird darin sein, und deshalb beginnt alles immer und ausnahmslos im Umgang mit uns selbst!

Für mich ist es kein Luxus, die eigene Natur zu leben, sondern im Gegenteil, eine Verantwortung und Notwendigkeit, wenn sich etwas wandeln soll. Luxus ist es nur dann, wenn wir uns selbst auf Geld reduzieren, aber genau dafür zahlen wir am Ende den größten Preis: Wir zahlen mit unserer Freude, wir zahlen mit unserer Lebenszeit, wir zahlen mit unserer Seele, die wir dafür verkaufen, und wir zahlen letztendlich mit unserer Natur, den Tieren, dem wunderbaren Ort, an dem wir sein dürfen.

Meine persönliche Erfahrung ist: Die Welt wird dann ein besserer Ort, wenn wir unsere Freude einbringen, und nicht das Gegenteil davon. Es herrscht mehr Gleichgewicht in ihr, wenn wir selbst im Gleichgewicht sind. Sie wird dann ruhiger und friedlicher, werden, wenn wir selbst ruhig sind. Es existiert mehr Mut in ihr, wenn wir an unserer eigenen Angst arbeiten, und Probleme werden dann verschwinden, wenn wir sie nicht mehr totschweigen. Und alles in allem denke ich, die Natur wird dann wieder mehr werden, wenn wir auch selbst unsere Natur wieder frei wachsen lassen. Wenn wir nicht müde werden, das Leben zu achten und diese Achtung auch für uns selbst einzufordern. Wenn wir ehrlich auf das hören, was in uns ist, es annehmen als einen Teil von uns selbst, es akzeptieren und in Bewegung bleiben, anstatt in Schockstarre zu verfallen. Wenn wir aufhören zu funktionieren, zu kompensieren, Wünsche und Bedürfnisse zu übergehen und stattdessen den Blick nach innen richten, einen Zugang finden zu der Wildnis in uns selbst, zu unserer inneren Stimme, zu unserer Intuition und ein Bewusstsein entwickeln über eigene Grenzen, Ressourcen, den Sinn und das Sein. Genau dort und nirgendwo anders liegt für mich der Hebel für echten Wandel: In dem Moment, in dem wir uns von der Trennung verabschieden und stattdessen die Verbindung wählen, es uns erlauben, einfach nur mit Freude am Leben zu sein, gestehen wir es auch anderen wieder zu. In dem Moment, in dem wir die Seele in uns entdecken, entdecken wir auch die Seele in allem anderen. In dem Moment, in dem wir begreifen, dass wir von Natur aus wertvoll und genug sind, genau so, wie wir sind, erkennen wir auch den Wert in allem anderen.

Die Antwort auf die Verbindung zur äußeren Natur in der Verbindung zur eigenen Natur. In der Achtsamkeit für uns sich selbst liegt der Schlüssel zur Achtsamkeit in allem anderen. Wenn wir uns selbst ins Gleichgewicht bringen, tragen wir zum Gleichgewicht der Erde bei. Wenn wir Freude haben, neugierig sind und mit dem Leben tanzen, reißen wir auch andere mit. Und deshalb ist sich wieder mit der eigenen Natur zu verbinden in meinen Augen einer der allergrößten Beiträge zum großen Ganzen, den wir leisten können, und es ist auch das, was uns am Ende des Tages selbst am erfolgreichsten werden lässt. Denn in einer Verbindung bekommen wir immer das zurück, was wir geben!

Kleine Regeln zur Verbindung mit der eigenen Natur

»ÖFFNE DAS HERZ.
SEI PRÄSENT.
HÖR ZU.
FÜHLE.
SEI WACH.
SCHAU IN DIE STERNE.
BERÜHRE DEN BODEN.
GEHE EINEN SCHRITT NACH DEM ANDEREN.
SEI LANGSAM.
AKZEPTIERE.
LIEBE.
LACHE.
VERTRAUE.
FALLE.
FLIEGE.

*UND: TRINKE GIN TONIC MIT MENSCHEN,
DIE DU LIEBST, UND GEHE SICHER,
DASS DU MINDESTENS EINMAL AN EINEM
LAGERFEUER SITZEN WIRST, SOLANGE DU
HIER AUF DER ERDE BIST«,
SAGT DIE NATUR.*

Heute, zwei Jahre nach Afrika

In der Nähe meines Zuhauses gibt es einen Nationalpark. Es ist eine Au, die von alten Bäumen umgeben ist. Mein Weg dort beginnt mit einem riesigen Gestrüpp aus Bäumen, sodass man fast nicht weiß, was nach der nächsten Ecke folgt. Wagt man sich aber dennoch weiter vor, tut sich auf einmal nach wenigen Metern eine Steppe auf. Plötzlich zeigt sich die Natur in Sträuchern, Büschen, trockenem Gras, und wenn ich es nicht besser wüsste, würde ich an dieser Stelle manchmal denken, ich sei in Afrika …

Dieser Gedanke aber bleibt mir nicht lange, denn bereits nach wenigen Hundert Metern verengt sich der Weg, führt hinein in ein Dickicht aus uralten Bäumen und schlängelt sich entlang der Au – man kann das Wasser nicht sehen, dafür aber Tausende Geräusche hören: »Quak, Quak, Quak, Quak« – das Froschkonzert ist das lauteste von ihnen.

An einer bestimmten Stelle ruft immer ein Kuckuck. Sitzt dort tagein, tagaus. Ist immer da, wenn ich da bin, und bringt mich wie vorbestimmt zum Lächeln mit seinen sonderbaren Lauten – er ist nicht die einzige Vogelstimme auf meinem Weg. Aber bei Vogelstimmen ist es irgendwie so, wie mit Ameisen im Heu, so richtig findet man sie nie heraus.

Im Grunde ist es im Nationalpark wie auf einer kleinen Safari, bei der man immer Neues entdecken kann. Und so stelle ich mir entlang des Weges manchmal vor, wie Elefanten ihn durchstreifen. Wie Affen von Baum zu Baum hüpfen. Wie Impalas mit ihren Herden grasen und wie Erdmännchen am Boden herumlaufen. An besonders alten Bäumen mache ich Halt und richte meinen Blick nach oben. Wäre ich in Afrika, könnte dort eine Leopardenmutter mit ihrem Kleinen wohnen. Gut getarnt. Fast unsichtbar mit den Punkten, zwischen den Blättern.

Und hier komme ich zum Punkt: Als ich von Afrika nach Hause kam, stellte ich mir eine Frage: »Wie schaffe ich es, auch in der schnellen, modernen, funktionierenden Welt wieder mit der Natur verbunden zu sein?« Und ehrlich gesagt hätte ich nicht damit gerechnet, dass mir das Leben diese Antwort schenkt, denn hätte es mir die Antwort vorab gesagt, hätte ich nur schallend gelacht, aber ich hätte mit Sicherheit nicht geglaubt, dass es das Ziel einer langen inneren Reise ist. Der Grund für das Buch, das mich damals fand. Ich. Hier draußen. Neugierig. Auf der Suche nach Kräutern und Tieren. Mit mir selbst und einer guten Zeit.

Neben alldem Leisten und Tun und Machen und Erfüllen von Ansprüchen, hatte ich vergessen, mit dem Leben zu tanzen. Einfach mit ihm zu sein und mir selbst damit zu genügen. Ich hatte vergessen, hinauszugehen in die Natur und genauso unbekümmert zu wachsen wie sie. Stattdessen habe ich mich selbst limitiert, habe meine wild wachsenden Freuden und verrückten Ideen zurechtgestutzt und sie in Formen gepresst, anstatt ihnen Raum zu geben, sich frei zu entfalten, sodass meinem Körper, meiner Natur irgendwann keine andere Wahl mehr blieb, als mich zu rufen und mich auf wundersame Art und Weise zum alten Baobab zu führen, ihn mir als Mentor zur Seite zu stellen, um mich wieder an mich selbst zu erinnern und mich so auf den richtigen Weg zu bringen.

Ich wusste einfach nicht, dass ich es nur vermisst hatte, draußen zu sein, in der Natur, mit der Natur, mit mir selbst – und zwar ganz einfach, weil ich immer schon gerne in der Natur war und weil meine Liebe zu ihr mein verrückter Vogel ist! Ich wusste nicht einmal, dass es dieses Naturparadies bei mir ums Eck gibt, und noch weniger hätte ich geglaubt, dass ich es mehrmals pro Woche hierherschaffen würde, wo es mir früher nicht einmal gelungen ist, einige Tage freizunehmen. Dass ich dem Rhythmus meiner eigenen Natur folgen würde und nicht dem vorgegebenen von außen, und dass ich tatsächlich den Mut haben würde, mich auf das Abenteuer meiner eigenen Seelenwildnis einzulassen. Aber so ist es. Da bin ich. Mitten unter Bäumen. Nicht rastlos, sondern angekommen. Frei wie der alte Baobab, mit meinem verrückten Vogel, auf der Suche nach verrückten Vögeln. Heute tue ich nicht mehr das, was ich tun muss, sondern folge der Freude. Dem irrationalen Gefühl in mir selbst, dem ich gelernt habe, bedingungslos zu vertrauen. Es ist mein stärkster Anker geworden. Meine Wurzeln, mein Wegweiser, mein Ratgeber, mein bester Freund, mein engster Vertrauter, meine Kraft, meine Stärke, mein innerer Kompass, der mich seither sicher durch die Wildnis des Lebens führt. Und blicke ich zurück auf mich selbst, fällt mir immer der Spruch von Maya Angelou ein, die sagte:

»Die Menschen werden vergessen, was du gesagt hast. Die Menschen werden vergessen, was du getan hast. Aber die Menschen werden nie vergessen, wie sie sich bei dir gefühlt haben.« Genau so geht es mir mit dem Gefühl zur Natur.

Erst durch das Sein in der Natur habe ich begriffen, dass die Verbindung zur – eigenen – Natur kein einzelner Ort ist, sondern ein Gefühl, das man in sich tragen kann. Ein Gefühl von zu Hause, mit dem man auf der Erde und durch das eigene Leben wandern kann. Die Verbindung mit der Natur ist für mich die Essenz des Lebens. Ein Tanz, den wir als Seele gewählt haben, gemeinsam mit der Erde. Ein Tanz, den wir genau deshalb auch so mit ihr tanzen sollten.

Was ich vor allem von der Natur gelernt habe, ist: Auch wenn die Welt immer vernetzter wird, ist diese Vernetztheit nur ein schwacher Spiegel der Verbundenheit, die wir haben könnten, wenn wir es schaffen würden, wieder mit dem Planeten und all seinen Lebewesen im Einklang zu sein …

Ein letzter Rat

Wenn die Natur dich ruft, folge ihr. Schrecke nicht davor zurück. Gib ihr ein warmes »Ja« aus deinem Herzen. Das wärmste, das du finden kannst.

Lass dich hineinfallen in die Verbindung. Tanze mit ihr zum Takt des Lebens. Lass dich durchfluten von ihrem Licht, ihrer Kraft. Ihrer ungeheuren Kreativität und ihrem Schwung, vor dem nichts sicher ist.

Fließe durch die Wildnis wie ein Fluss. Egal wie mühsam es ist. Egal wie rau es sich anfühlt. Egal wie beängstigend es wird. Egal welche Löwen auf dich warten. Egal wie viel du am Weg lernen musst. Egal wie oft du umdrehen musst. Egal wie viele Vorstellungen du loslassen musst. Sage »Ja«. Und sage es mit Liebe.

Vertraue auf die Urkraft der Natur in dir, aus der das von jeher gewachsen ist und stets seinen Weg gefunden hat. Lass dich von der Erde tragen. Mama Gaia wird sie nicht umsonst genannt … bleibe immer neugierig. Schau, was kommt. Lass dich ein. Entdecke es. Fühle alles, was du fühlen kannst. Spüre es mit deinem ganzen Körper. Koste es aus. Genieße es. Sei der Elefant. Sprühe Wasser umher. Spring in die Luft. Lass dich wieder auf die Erde plumpsen. Und sei dir gewiss, dass dich das Leben auffangen wird. Dass du mit Leichtigkeit spielen und umhertollen darfst, auch wenn es sich manchmal schwer anfühlt.

Sei einfach mit dem Leben, so wie es ist, und das Leben wird mit dir sein. Bewege dich in jeder Sekunde, in der du da bist. Nutze deine Zeit. Koste alle Momente aus. Das macht lebendig. Das schenkt Freude. Das ist Verbindung. Das ist der Ort, von dem aus du die Welt verändern kannst.

Und könnte der alte Baobab sprechen, würde er dazu vielleicht nur noch sagen: »Tritt einen Schritt zurück. Bekomme so die richtige Perspektive. Erde deine Vision auf die Welt. Kehre zurück zu deinen Wurzeln. Erinnere dich an deine – eigene – Natur. Und vergiss niemals: Dort, wo deine Natur ist, ist auch meine Natur. So sind wir verbunden. So tanzen wir gemeinsam den Tanz des Lebens. Hier auf der Erde, nur in unterschiedlichen Kleidern. Aber diese Kleider sind eine Illusion. Und diese Illusion gilt es aus dem Weg zu räumen.«

Ist Trennung eine Illusion?

WIRF EINEN BLICK AUF DAS MEER,
DAS VOLL IST MIT LEBEN.
SO VOLL, DASS ES WOHL NIE GELINGEN WIRD,
IN DIE UNTIEFEN SEINER VIELFALT VORZUDRINGEN.
DOCH HEUTE HAST DU GLÜCK:
EIN WAL HAT SICH AN DIE OBERFLÄCHE GEWAGT
UND GIBT EINE AHNUNG DAVON,
WIE WUNDERBAR DIE ERDE IST.
WIE GIGANTISCH KREATIV SIE SICH AUSDRÜCKT
DURCH DAS LEBEN SELBST.
UND AUCH DER SONNENAUFGANG
ÜBER DEM UNENDLICH WIRKENDEN HORIZONT,
WENN DER HIMMEL SCHEINBAR DIE ERDE BERÜHRT,
ZEIGT EINMAL MEHR, WIE SEHR ALLES VERBUNDEN IST.
DAS OBEN UND UNTEN,
DU UND ICH,
TIERE UND MENSCHEN,
BÄUME UND PFLANZEN,
DASS DIE TRENNUNG ZWISCHEN DEM EINEN UND
ANDEREN VIELLEICHT DIE EIGENTLICHE ILLUSION IST.

»NICHT WAHR?«,
FRAGT DIE NATUR.

»NATÜRLICH HÄTTE ICH AUCH EINFACH EIN BAUMSTAMM WERDEN KÖNNEN. GERADE UND OHNE DIESE DINGER UM MICH. ABER IST ES SO NICHT VIEL TOLLER? MACHT ES SO NICHT VIEL MEHR FREUDE? SIEHST DU, WIE DIE ÄSTE UM MICH TANZEN? SICH SCHLÄNGELN UND VERBUNDEN SIND? ICH LASS WACHSEN, WONACH MIR IST. WILD UND FREI, DENN DAS MACHT AM MEISTEN SPASS! DIR DOCH AUCH?«,

SAGT DER TANZENDE BAUM.

Das Verbunden-statt-online-Ritual

DER KRAFTPLATZ

WENN ALLES GANZ STILL WIRD,
DIE WELT IHRE GERÄUSCHE VERLIERT,
WENN NUR NOCH DAS WASSER DES FLUSSES
PLÄTSCHERT UND DIE SONNE LEISE SPRICHT,
WERDEN AUCH WIR DARAN ERINNERT,
DASS DIE NATUR DIE VERBINDUNG ZWISCHEN UNS
UND DER WUNDERBAREN UND MYSTISCHEN FÜLLE DES LEBENS IST.
UND DASS DAS DER ORT IST,
AUS DEM DIE WAHRE KRAFT KOMMT,
WEIL DARIN NIEMAND GERINGERER WOHNT
ALS WIR SELBST!

*MANCHMAL MÜSSEN WIR EINFACH NUR
ALLES ABDREHEN UND IN DIE NATUR GEHEN,
UM DIE VERBINDUNG ZU
UNSERER – EIGENEN – NATUR WIEDERZUFINDEN.*

ERINNERE DICH AN DICH SELBST!

Nichts geht über einen stillen Moment in der Natur: einen Blick in den Sonnenuntergang, der nasse Tau unter den Füßen am Morgen, ein stürmischer Tag am Berg, ein Blick in die Weite Afrikas, durch den man auf einmal nicht nur ganz klar merkt, woher man kommt, sondern auch, wo man hingehört. Diese simple Wahrheit, dass wir ein Teil einer Verbindung sind, die so viel größer ist als wir selbst. Ein Teil der Natur, die durch uns fließt mit jeder Faser unseres Seins. In diesen Momenten in der Natur spüre ich immer am klarsten, dass ich am Leben bin. Hier und jetzt und nirgendwo sonst. Dass alles richtig ist. Und dass ich dankbar bin, hier zu sein. Als Seele auf der Erde. In der Wildnis des Lebens. Der Elefant, der alte Baobab … all das erinnert uns letztendlich nur an uns selbst.

An den wilden, rauen Kern unserer Seele, der jederzeit mit allem verbunden ist. Der uns ruft, quält, vorantreibt, herausfordert und an Grenzen bringt, damit wir die schönere Welt entdecken können. Den Ort, dem unsere innere Stimme entspringt, und der Kompass, der dich durchs Leben leiten will. Die Ur-Energie des Lebens, zu der wir immer Zugang haben und aus der wir zu allen noch so aussichtslosen Zeiten schöpfen können.

Alles, was wir tun müssen, ist, uns daran zu erinnern, denn dann wird er uns zum Beispiel zu Büchern führen, die uns zur rechten Zeit in Afrika landen lassen …

WENN DU DICH VERLIERST, GEHE IN DIE NATUR.
VERBINDE DICH MIT IHR, UND SO AUCH WIEDER MIT DIR SELBST.

Aber es braucht nicht immer eine Reise an das andere Ende der Welt, einen ganzen Wald, um mit der Natur verbunden zu sein. Manchmal reicht auch ein kleiner Platz. Ein Ort mit guter Energie und Stille, an den du immer gehen kannst, um mit dir verbunden zu sein.

DIE VERBINDUNG ZU DEINER – EIGENEN – NATUR IST DAS WICHTIGSTE,
WAS DU FÜR DEIN LEBEN HABEN KANNST.

Schaffe dir selbst einen kleinen Kraftplatz. Zu Hause, in der Natur, in einer Ecke deiner Wohnung oder wo auch immer du einen Platz für dich finden kannst. Richte ihn dir so ein, wie du das möchtest. Mit Bildern. Pflanzen. Kerzen. Düften. Steinen, die du findest … Es ist dir überlassen. Schaff dir einfach einen kleinen Raum, in den du dich zurückziehen kannst, um dich mit dir zu verbinden. Lass ihn wachsen. Und lass deine Verbindung darin wachsen. Egal ob du dort meditierst, liest, Musik hörst oder deine Ideen voranbringst – wichtig ist nur, dass es ihn gibt. Dass du einen Ort hast, an dem du dich aufladen kannst und an dem du immer an dich selbst, deine Natur, und an die Kraft in dir erinnert wirst. Lass diesen Kraftplatz so etwas wie eine Wurzel in deinem Alltag sein. Er hilft dir, deinen Weg zu gehen.

Wo beginnt die schönere Welt?

WANDERE AUF MIR
MIT DEN AUGEN DER LIEBE.
WANDERE AUF MIR
MIT DEN FÜSSEN DES MITGEFÜHLS.
WANDERE AUF MIR,
ALS WÄRE ICH DEIN ZUHAUSE.
WANDERE AUF MIR,
ALS WÄRE ICH DER ORT,
DER DICH GLÜCKLICH MACHT.
UND HÖR NIE AUF, JENE SPUREN FÜR DIE
ZUKUNFT ZU HINTERLASSEN,
DIE DU DORT VON DIR SEHEN WILLST!

*»WELCH UNENDLICHER VERLUST WÄRE ES,
DIE ERDE MIT IHREM REICHTUM NICHT
ZU BEWAHREN?«,
FRAGT DIE NATUR.*

Die zehnte Etappe der Reise:

Die Hüter der Erde

Das Gleichgewicht in der Natur beruht auf Geben und Nehmen. Wir brauchen die Natur. Aber die Natur braucht uns auch. Sie auch in einer modernen Welt zu hüten, etwas zurückzugeben für das, was wir jeden Tag von ihr bekommen, ist ein Teil unserer eigenen Natur.

SCHRITT ZEHN: ACHTE AUF DIE FUSSSPUREN, DIE DU HINTERLÄSST. GIB ETWAS ZURÜCK. BEWAHRE DIE NATUR. HÜTE SIE WIE DICH SELBST.

Heutzutage sind wir es gewohnt, von der Natur zu nehmen, aber haben verlernt, ihr auch etwas zurückzugeben. Einen Ausgleich zu schaffen. Die Natur nicht nur zu benutzen, sondern zu hüten, wie es einst die indigene Völker gemacht haben. Und dabei geht es nicht darum, in die Steinzeit zurückzugehen, irgendwo im Dschungel oder in derWildnis zu wohnen, sondern im Gegenteil, ein modernes, zeitgemäßes Leben zu führen und dennoch mit der Natur verbunden zu sein. Altes Wissen zu nutzen und es in eine neue Zeit zu bringen. Denn das eine schließt das andere nicht aus. Auch ich bin ein moderner Mensch, auch ich lebe in einer Stadt, habe ein Auto, nutze ein Flugzeug und nutze die Technologien der Zeit. Ohne diese Errungenschaften wäre ich nicht nach Afrika gekommen, und es hätte dieses Buch nicht gegeben. Die Welt ist nicht schwarz-weiß, entweder – oder, und alles, was wir heute in der »modernen« Welt haben, ist nicht per se schlecht, die Frage ist immer nur: Was bekommen wir von der Erde, und was geben wir dafür zurück? Schaffen wir einen Ausgleich, oder nehmen wir nur? In meinen Augen brauchen wir keine acht Milliarden perfekte Menschen, aber wir brauchen sehr wohl acht Milliarden Menschen, die im kleinen Rahmen jeden Tag das tun, was ihnen möglich ist, und die nie aufhören zu fragen: Was kann ich zurückgeben? Was kann ich hüten?

DEINE KLEINEN TATEN SIND DIE GROSSEN TATEN: »LASST UNS KEINE PRODUKTE MEHR KAUFEN, FÜR DIE TIERE IM AMAZONAS STERBEN; SAGTEN ACHT MILLIARDEN MENSCHEN IM STILLEN ZU SICH SELBST!«

Was ich von der Natur für meine eigene Natur gelernt habe, ist: Nimm nicht nur, sondern gib zurück. Egal, welchen Beitrag du leisten kannst, leiste ihn. Schaff einen Ausgleich für das, was du bekommst. Frage die Erde und ihre Natur, wie es ihr geht. Sei achtsam ihr. Betritt nicht einfach ihr Land, als würde es dir gehören, sondern hab ein Bewusstsein dafür, dass dort Tiere, Pflanzen, Bäume … wohnen, die Ruhe brauchen. Sieh die Erde nicht nur als Ding. Sondern als lebendiges Wesen, das es zu achten gilt wie den eigenen Körper. Hör auf, dein Geld in das zu investieren, was der Natur schadet. Informier dich bewusst. Nutz deine (Kauf-)Kraft. Denn was du nicht kaufst, wird es nicht geben. Geh einen Schritt voraus. Trau dich, etwas anzusprechen. Nutze deine Talente, um einen Unterschied zu machen. Versuche nicht, perfekt zu sein. Mach das, was du machen kannst. Beginne klein. Geh auch hier kleine Schritte. Frage dich: Wo dich, wo du weniger Müll produzieren kannst. Was du ohne Tierleid kaufen kannst … Entscheide jeden Tag bewusst, was du konsumierst. All das sind Fußspuren, die du hinterlässt. Sei achtsam mit ihnen. Durch sie beginnt der neue Weg. In eine neue Zeit. Modern. Aber trotzdem verbunden mit der Natur.

MANCHMAL MUSST DU NUR AUFHÖREN, DIE GANZE WELT VERÄNDERN ZU WOLLEN, UND STATTDESSEN FUSSSPUREN SCHAFFEN, AUS DENEN NEUE WEGE FÜR DIE ZUKUNFT WERDEN KÖNNEN.

Und sei dir bewusst: Nicht nur die großen Erfindungen, sondern die eigene Lebensweise macht den Unterschied. Auch ich bin kein Wissenschaftler, sondern ein normaler Mensch, aber wenn ich im Sommer zwischen Beton bin, im Vergleich zum Wald, bekomme ich eine Idee davon, was eine Lösung für das Klimaproblem sein kann. Wenn ich meine eigenen Sinne verwende, um zu sehen, ob ein Lebensmittel gut ist oder nicht, anstatt mich an das Ablaufdatum zu halten, bekomme ich eine Idee davon, wie wir weniger verschwenderisch sein können. Und wenn ich mich mit Menschen umgebe, die mich inspirieren, anstatt mit welchen, die negativ sind, bekomme ich eine Idee davon, was tatsächliche Veränderung bewirken kann … Es ist, wenn du erkennst, dass du jeden Tag die Wahl hast, nicht nur zu nehmen, sondern auch etwas zurückzugeben.

FRAG NICHT NUR, WAS DU VON DER NATUR BEKOMMST, SONDERN AUCH, WAS DU IHR GEBEN KANNST.

Reflexion

für die eigene Natur

WELCHE FUSSSPUREN HINTERLÄSST DU AUF DER ERDE? WAS KANNST DU TUN, UM NEUE WEGE FÜR DIE ZUKUNFT ZU SCHAFFEN? WAS KANNST DU DER NATUR ZURÜCKGEBEN? UND WIE MÖCHTEST DU DIE ERDE HÜTEN?

DAS KEY-ANIMAL
ODER AUCH: DER HÜTER DER NATUR

»Manche sind der Meinung, dass nur große Macht das Böse fernhalten kann. Aber ich habe anderes erfahren. Ich finde, es sind die kleinen Dinge, alltägliche Taten von gewöhnlichen Leuten, die die Dunkelheit auf Abstand halten. Einfache Taten aus Güte und Liebe.«

GANDALF, IN »DER HERR DER RINGE«

»Wisst ihr, was ein Key-Animal ist?«, fragt einer unserer Trail-Guides während der Walking Safari in Südafrika – und blickt dabei in unsere fragenden Gesichter.

»Bei einer Dachkonstruktion gibt es immer einen Stein oder ein Element, das einen ganz bestimmten Platz hat und von dort aus das gesamte Konstrukt des Daches zusammenhält: Es wird das Key-Element genannt. Würde man es herausnehmen, würde man nur dieses eine Element entfernen, ginge das Gleichgewicht verloren, und das gesamte Dach würde durch seinen Verlust zusammenbrechen.«

Er schweigt kurz und sagt anschließend: »Auch im Gleichgewicht der Natur gibt es solche Key-Elemente. In der Wildnis Afrikas ist das zum Beispiel der Elefant. Er ist ein Key-Animal, denn mit seinem Dasein verteilt er unter anderem die Samen der Pflanzen und Bäume und sorgt so dafür, dass es die Natur in ihrer Vielfalt gibt. Hütet sie. Ihn zu verlieren heißt nicht nur eine Art zu verlieren, sondern würde das Gleichgewicht der Natur hier unumkehrbar kippen lassen. Und die Frage, die ihr euch in dieser Welt stellen könnt, lautet: Seid ihr – für die Erde – auch solche Key-Animals?«

Nun, dieses Buch hätte im letzten Kapitel enden können – damit, mit der eigenen Natur verbunden zu sein. Mit sich selbst wieder im Gleichgewicht zu stehen, denn das ist es, worum es mir geht. Aber das wäre nicht genug.

Für mich gibt es noch einen weiteren Schritt zur Verbindung mit der Natur. Einen, der größer ist als man selbst, und einen der mehr als notwendig ist in dieser Zeit, notwendig für eine Seele, die mit der Erde verbunden ist; er lautet: die Kraft der eigenen Natur nach außen zu bringen und damit etwas in der Welt zum Positiven zu verändern.

Sie nicht nur für sich selbst – seinen eigenen Weg – zu nutzen, sondern dafür, die Erde zu bewahren – wie ein Elefant in Afrika. Die eigene Natur, das Geschenk für die Erde – Talente, Fähigkeiten, individuelle Begabungen – bewusst dafür einzusetzen, dass die Natur und ihre Lebewesen auch in einer modernen Zukunft geschützt sind. Genau diese Möglichkeit haben wir nämlich als Menschen. Im Gegensatz zum alten Baobab haben wir die Möglichkeit, uns zu bewegen. Wir können hinausgehen in die Welt und können uns dafür einsetzen, dass es ihn noch viele Jahre gibt. Wir können unsere Kraft aktiv nutzen und Fußspuren hinterlassen, die wir von uns auf der Erde sehen wollen.

Little Lesson

FROM NATURE

DU KANNST DIE WELT NICHT ÄNDERN, ABER DU KANNST DEINE EIGENE KLEINE WELT VERÄNDERN UND DAS BUNTE LICHT SEIN, DAS DU DORT VON DIR SEHEN WILLST!

In welcher Welt wollen wir leben?

Ist es eine Welt, die voll ist mit Natur, mit Vögeln, mit Bäumen, mit Urwäldern, mit Wildtieren und guter Energie? Oder in einer, in der es mehr und mehr Fabriken gibt? In der langsam, aber sicher alles verschmutzt, gerodet, genmanipuliert und zu Tode gemästet wird?

Ist es eine Welt, in der es zum Beispiel erlaubt ist, Löwen in Gehegen zu halten, nur damit sie, sobald sie erwachsen sind, ihren Eltern weggenommen und erschossen werden können? Wollen wir in einer Welt leben, in der so etwas erlaubt ist und toleriert wird? Einer Welt, die sich immer mehr entfernt von der Schöpfung, dem Wert in allem Leben, ihren Wurzeln, von der Natur, von dem Fundament, das Leben schenkt, oder werden wir zurückfinden zu ihr? Wird das unsere Perspektive werden?

Das ist nicht nur die Frage, die wir uns stellen sollten, sondern eine Aufgabe, die wir wieder annehmen müssen. Jeden Tag, wenn wir aufwachen, können wir aus dem Fenster sehen, uns fragen: Wie soll die Welt aussehen, in der wir leben? Und der Blick, den wir haben, wird zu ihr werden. Diese Perspektive wird wachsen, mit jedem Schritt, den wir gehen!

Meine Perspektive auf die Erde ist diese hier: Es ist die Aussicht von meinem Zelt in Afrika. Als ich hinausgesehen habe und ein Elefant nur wenige Meter entfernt an mir vorbeiging, da habe ich es das erste Mal in mir gewusst: Ich will eine Welt, in der wir nicht jedes Jahr weniger, sondern mehr Elefanten haben. Eine Welt, reich an Fülle, wilden Tieren und üppiger Natur. Und wann immer ich dieses Bild vor mir sehe, weiß ich, was zu tun ist. Ich weiß, dass diese Perspektive in meiner Verantwortung liegt – jeden Tag. Und dass es dafür keine Ausreden gibt, denn jeder von uns kann, unabhängig von der eigenen Lebenssituation, ein Bewusstsein für die Natur und ihre Lebewesen entwickeln. Jeder von uns kann ein Key-Animal sein. Nicht nur in Afrika, sondern zu Hause in den Städten, den Wohnungen, der modernen Welt, den Orten, wo wir jeden Tag sind. Stell dir vor, die Welt ist ein schöner Ort, und alle tragen dazu bei!

Liebe statt Kampf

Als ich begonnen habe, für dieses Buch zu recherchieren, habe ich es aus einer Motivation des Unverständnisses getan. Ich war leichtfertig damit, eine Meinung zu haben und gegen eine andere zu sein, und das ist es auch, was mir mehr und mehr in der ganzen öffentlichen Diskussion zum Klima, dem Umgang mit der Natur oder den Tieren auffällt.

Das gängige öffentliche Narrativ ist immer »Angst« vor dem Armageddon! Furcht vor der negativen Zukunft – dagegen wird gekämpft, und sieht man sich die Zahlen an, kann man sagen: Zu Recht! Dennoch halte ich es heute für den falschen Weg, denn je mehr ich selbst recherchiert habe, desto mehr ist mir aufgefallen, wie komplex alles ist!

Der alte Baobab ist über sehr lange Zeit gewachsen, um heute das zu sein, was er ist – und so ist es unsere Gesellschaft – die Art und Weise, wie wir heute leben, unsere Sicht auf die Erde, die Natur und uns selbst. Es hat viele Epochen gebraucht, die dazu geführt haben, dass alles ist, wie es ist – mit all seinen guten und schlechten Dingen darin –, und so musste auch ich für mich zu dem Schluss kommen: Die Probleme, denen wir ins Auge blicken, sind nicht mit einer einfachen, pauschalen, leichten Antwort gelöst. Sie sind vielschichtig.

Genau das macht sie oft so lähmend, und genau das verlangt nach Mitgefühl und nicht nach der pauschalen Keule, die oft geschwungen wird. Für mich ist die Lösung nicht schwarz-weiß. Sie ist »Du hast recht, oder ich habe recht«. Sie ist nicht »links« oder »rechts«, sie ist nicht »Meinung A« oder »Meinung B«, denn das wäre – in meinen Augen – viel zu kurz gefasst.

Ich persönlich glaube nicht, dass es eine Lösung gibt! Eine Antwort, die jemand für sich finden kann. Das eine Ding, das alles retten wird. Die große Tat, die man selbst vollbringt. Die pauschale Antwort, dass Fliegen gut oder schlecht ist, ebenso wie das Auto oder was immer herhalten muss in dieser Diskussion. Und ja genau, weil es so komplex ist, ist es oft zermürbend, niederschmetternd und beängstigend …

Aber: Wann immer ich über die Erde fliege und hinuntersehe auf all die Lichter, die dort leuchten, dann stelle ich mir vor: Diese Lichter sind wir Menschen. Mit unserer Seele, mit der Kraft in uns, wenn wir von innen heraus strahlen, weil wir mit uns selbst verbunden sind und unser Licht leuchten lassen. Und immer dann sehe ich die Antwort in mir sehr klar: Vielleicht haben wir nicht die eine Antwort, aber wir haben viele. Und alle haben sie auf der Erde Platz.

Die »schönere Welt« werden wir nicht aus Angst bauen, sondern immer nur aus Hoffnung. Wir werden sie nie aus Furcht errichten, sondern immer nur aus Liebe. Und wir werden schon gar keine »schönere Welt« bauen, wenn wir uns selbst kleinhalten. Wir müssen uns vielmehr gegenseitig bestärken und eine positive Perspektive schaffen, aus der unser Engagement kommen kann.

Liebe zur Sache statt Kampf heißt das für mich. Für etwas stehen, anstatt gegen etwas sein. Daraus entsteht in meinen Augen die Kraft. Sie entwickelt sich, wenn wir uns für etwas einsetzen, uns nicht davor verstecken, unsere eigene Kraft bewusst und in Liebe zu nutzen. In meinen Augen geht es nicht darum, »Altes« zu bekämpfen, sondern »Neues« zu erschaffen.

Und ich glaube ganz fest daran: Wenn wir all unsere Antworten, all unsere Ideen und Kreativität wieder verbinden würden, anstatt sie uns gegenseitig vorzuwerfen, würden wir auf sehr viel mehr Lösungen kommen, als wir uns hier und jetzt erträumen können. Und noch viel mehr würden wir vermutlich finden, wenn wir uns nicht nur wieder miteinander an einen Tisch setzen, sondern wenn wir auch die Erde dazu einladen würden und auch sie um ihre Antwort, um ihre Lösung, um ihr Licht bitten!

Wir alle sind selbst die Lösung, die wir uns wünschen. Mit dem Licht, das wir leuchten lassen, und der guten Energie, die wir für die Sachen geben. Eben mit den Fußspuren, die wir hinterlassen … in Liebe füreinander.

Was kann ich allein schon tun?

ERSTENS: BEHANDLE DICH SELBST GUT. HAB MITGEFÜHL MIR DIR. WAS DU SCHAFFST, SCHAFFST DU, WAS NICHT, NICHT. EIN ACHTSAMER SCHRITT NACH DEM ANDEREN. SO KOMMST DU NICHT NUR DURCH DIE WILDNIS, SONDERN AUCH AN DEIN ZIEL.

ZWEITENS: PASS AUF DEINE ENERGIE AUF. HALTE SIE HOCH. UMGIB DICH MIT ALLEM, WAS DICH NÄHRT, UND LASS WEG, WAS DICH KLEINHÄLT. ÜBERNIMM VERANTWORTUNG FÜR DEIN BEWUSSTSEIN. AUF SEINE ENERGIE ZU ACHTEN, HOFFNUNG, OPTIMISMUS, FREUDE, LIEBE UND MUT AUSZUSTRAHLEN, IST EIN SCHLÜSSEL FÜR WANDEL.

DRITTENS: KAUFE NUR ETWAS, DAS DER ERDE UND IHREN LEBEWESEN GUTTUT. DEIN GELD IST DEINE INVESTITION IN DIE ZUKUNFT. FÜTTERE DEINE PERSPEKTIVE. ACHTE, WAS DU MIT IHR ERSCHAFFST.

VIERTENS: GEHE IN DIE NATUR. ERINNERE DICH SO OFT ES GEHT DARAN, WARUM ES WICHTIG IST, SIE ZU HÜTEN.

FÜNFTENS: VERBINDE DICH MIT ANDEREN. BÜNDLE DEINE KRÄFTE. ERSCHAFFE DEINE HERDE. ES GIBT GENUG, DIE DENKEN WIE DU!

SECHSTENS: NUTZE DEINE EIGENE KRAFT. DEINE TALENTE, DEINE FÄHIGKEITEN, DEIN LICHT, DAS, WAS DU KANNST. LEISTE EINEN BEITRAG. EGAL WIE GROSS, EGAL WIE KLEIN. TU ES EINFACH. JEDEN TAG. NICHT MEHR, NICHT WENIGER BRAUCHT ES.

SIEBTENS: DU KANNST SEHR VIEL MEHR TUN, ALS DU DENKST.
HÖR AUF, DEIN LICHT UNTER DEN SCHEFFEL ZU STELLEN!

Hey du! Ja du!

»ICH BIN DIE ERDE, DIE AUS DER EISZEIT KOMMT.
ICH BIN DAS WASSER, DAS DURCH SCHLUCHTEN FLIESST.
ICH BIN EIN ABENTEUERLICHER BAUM,
DER AN EINEM STEILEN FELSEN WÄCHST.
UNTER WELCHEN UMSTÄNDEN AUCH IMMER –
ICH FINDE MEINEN WEG!
WACHSE. BLÜHE. BLEIBE STARK.
ES MAG ZEITEN GEBEN, DIE SCHWIERIG SIND,
ABER LASS MICH DICH DARAN ERINNERN:
NACH JEDEM SCHATTEN KOMMT LICHT,
NACH JEDER NACHT KOMMT DER MORGEN,
NACH JEDEM WINTER KOMMT DER SOMMER.
ALSO VERTRAU MIR.
VERBINDE DICH MIT MIR.
STELL DICH AN MEINE SEITE.
GEMEINSAM FINDEN WIR EINEN WEG.
ZUSAMMEN KÖNNEN WIR ALLES SCHAFFEN!
ICH BIN DU. UND DU BIST ICH«,

SAGT DIE NATUR.

Wo beginnt die schönere Welt?

Afrika ist einer der verschiedenartigsten Kontinente dieser Erde. Er ist die Wiege der Menschheit, und genau so – zumindest erscheint er mir so – spiegelt sich der Umgang mit der Natur an dem Ursprung von uns selbst.

Auf ihm sieht man gleichermaßen die unendliche Schönheit und Vielfalt der Erde wie auch das Ausmaß seiner Zerstörung. Der Umgang mit allem – die Armut, die Kriminalität, die Probleme, die Verschmutzung und all die Fußspuren der Zeit …

Immer wieder werde ich gefragt, ob ich keine Angst habe, dorthin zu reisen. Angst vor Krankheiten, wilden Tieren oder Sonstigem. Ich für mich kann sagen: Nein, die habe ich nicht! Auch wenn ich oft auf naive Art und Weise von der Natur vor Ort schwärme, verschließe ich meine Augen nicht vor den Problemen, der unschönen Wahrheit, die ich ebenso dort sehen kann. Der Unterschied ist nur, ich richte ihn auf das hier:

Die Menschen dort haben oft gar nichts, und dennoch sind sie außergewöhnlich herzlich und hilfsbereit. Sie besitzen kaum etwas, aber sie nutzen ihre Kreativität, um etwas zu erschaffen, Lösungen zu finden – und für mich, die aus einer Welt kommt, die so viel hat und in der so viel Unzufriedenheit herrscht, ist das eine wahre Inspiration; das, was mich beeindruckt, und der Ort, an dem ich für mich als Mensch und als Seele lernen kann!

Und ja, der Fakt, dass wir uns heute oft weder um die Probleme noch um die Schönheit der Natur kümmern, tut mir in der Seele weh und lässt auch mich oftmals verzweifeln. Aber auf der anderen Seite sehe ich mehr und mehr Menschen, die ihre Liebe und ihren Einsatz für die Natur zeigen – das ist es, was auch mich motiviert und mir Hoffnung gibt. Ich persönlich habe entschlossen, mich ihnen anzuschließen.

Nicht unzufrieden zu sein, sondern ein Key-Animal in dem Ausmaß, in dem es mir möglich ist – darum gibt es dieses Buch. Es existiert in der Gewissheit: Niemand von uns kann die Welt ändern, aber wir können unsere kleine Welt verändern, und von dort aus auch andere dazu inspirieren.

Was mich antreibt, ist den Blick auf das Schöne und Gute zu richten und zu zeigen, was uns die Natur geben kann. Dass sie nicht nur rau und wild ist, sondern auch sanftmütig und viel Mitgefühl besitzt. Dass sie nicht nur aus Pflanzen besteht, sondern aus so viel mehr. Und wie schön es ist, jeden Tag draußen zu sein, die Beziehung zu ihr zu stärken und letztendlich dadurch zu sich selbst!

Die Wildnis Afrikas war der Beginn einer Perspektive, die mir gezeigt hat, dass es nicht mehr Zahlen und Fakten braucht, die uns beweisen, dass es nicht gut um die Natur steht, sondern normale Menschen wie dich und mich, die wieder hinausgehen, die Natur fühlen und auch sehen, welche Regenerationskraft sie hat, wenn wir ihr nur die Chance dazu geben.

Die Natur war nicht zimperlich mit mir, sondern hat mich gerufen, unverhofft ihre Arme für mich geöffnet, mich mitgenommen in ihre Welt, mir viel gegeben, aber mich auch gnadenlos zum Wachstum aufgefordert – mir meine eigene Verantwortung auf der Erde und für sie gezeigt –, mich so und so mehr in die Richtung gepusht, dass ich meine Möglichkeiten nutzen will – meine Talente, mein Licht –, um ihr etwas zurückzugeben. Um auch in einer modernen Welt, wie die indigene Völker es einst getan haben, wieder auf derselben Seite mit Mama Gaia zu stehen. Mitten in ihrer Natur und nicht über ihr! Und dank dieser äußeren Reise, die zu einer inneren wurde, glaube ich heute daran: Würden wir wieder mehr über die Natur lernen, würden wir wieder mehr mit dem Leben in ihr in Berührung kommen, würde das nicht nur das Leben in uns verändern, sondern auch das gesamte Leben auf dieser Erde.

Wie reich wären wir wohl, wenn wir altes Wissen mit neuem Wissen verknüpfen würden? Wie reich wären wir, wenn wir unser Wachstum nicht nur als Haben, sondern auch als Sein sehen würden? Wie reich wären wir, wenn wir die Errungenschaften der Zeit, all die Technologien und Möglichkeiten dazu nutzen würden, um im Einklang mit dem Planeten zu leben? Was würden wir wohl alles erschaffen, wenn wir aufhören würden, nur nehmen und stattdessen etwas von unserem inneren Reichtum zurückgeben? Wäre das nicht genau die Welt, die wir uns eigentlich wünschen?

Und manchmal habe ich das Gefühl, in einer Zeit wie dieser ruft uns Mama Gaia genau deshalb zusammen. Sie aktiviert mit ihrem Ruf der Natur – vielleicht im ersten Moment, wie bei mir, auf unangenehme Weise – ihr unsichtbares Band zu uns, weil sie genau weiß: Wenn nicht wir als Generation des Wandels, wer dann kann etwas für sie tun?

Zum Schluss also halte ich es mit den Worten des Dalai Lama: »Der Planet braucht keine erfolgreichen Menschen mehr. Der Planet braucht dringend Friedensstifter, Heiler, Erneuerer, Geschichtenerzähler und Liebende aller Art.« – Was wir brauchen, sind Menschen, die nicht nur dem Ruf ihres Ehrgeizes folgen, sondern auch dem Ruf der Natur in der heutigen Zeit.

Menschen, die nicht gegen etwas kämpfen, sondern in der Liebe zur Sache handeln – verbunden mit sich und allem Leben auf der Erde. Wir brauchen Menschen, die wieder zusammenkommen am Lagerfeuer – von Mensch zu Mensch, ohne Position oder Rang, und sich mit ihren Meinungen in der Mitte treffen, weil sie wissen, von Natur aus sind wir alle gleich. Wir brauchen Menschen, die gemeinsam etwas tun, und nicht einer gegen den anderen.

Wir brauchen Menschen, die den Mut haben, mit ihrem Licht die Schatten zu beleuchten, Grenzen zu ziehen und unsere Natur und die Erde zu schützen. Wir brauchen Menschen, die sich verabschieden von der alten Sicht, die auf Trennung basiert, und den Mut haben, eine neue Perspektive zu schaffen. Wir brauchen ganz einfach normale Menschen, die mit der – eigenen – Natur verbunden sind, ihrem Herzen folgen und den Mut haben, daraus zu handeln.

Menschen, denen es nicht egal ist, welche Fußspuren sie hinterlassen, weil sie wissen: Ihre Fußspuren werden zu Wegen, und ihre Wege werden zur Zukunft.

Was wir wieder brauchen, sind Key-Animals. Hüter der Erde.

Und könnte der alte Baobab sprechen, würde er jetzt vielleicht sagen: *»Genau dort beginnt die schönere Welt. Sie beginnt mit einer Entscheidung tief in deinem Inneren. Wenn du sie in dir sehen kannst, wird sie auch aus dir wachsen!«*

»ICH BIN EIN KEY-ANIMAL.
UND DU AUCH.
ERINNERST DU DICH?«

SAGT EIN BAUM VON VIELEN.

Das Verbunden-statt-online-Ritual

DER AUSGLEICH

WENN DIE ELEFANTEN ZU GRAS
UND DAS GRAS ZU ELEFANTEN WIRD;
WENN DER REGEN DAS MEER,
UND DAS MEER DER REGEN WIRD,
WENN UNSERE FUSSSPUREN ZU ERDE,
UND DIE ERDE ZU UNS WIRD,
WERDEN AUCH WIR DARAN ERINNERT,
DASS ES NICHT NUR UM DAS NEHMEN,
SONDERN AUCH UM DAS GEBEN GEHT,
UND DASS UNSERE FUSSSPUREN
SEHR VIEL MÄCHTIGER FÜR DEN KREISLAUF
DES LEBENS SIND, ALS WIR OFT DENKEN.

*MANCHMAL MÜSSEN WIR EINFACH NUR
ETWAS ZURÜCKGEBEN,
UM ZU SEHEN, WORAUS DER WAHRE
REICHTUM UNSERER – EIGENEN – NATUR ENTSTEHT.*

GIB 20 MINUTEN PRO TAG ETWAS ZURÜCK FÜR DAS, WAS DU BEKOMMST

Von einer Schamanin habe ich gelernt, dass wann immer man etwas von der Erde nimmt, man auch etwas dafür zurückgeben sollte. Dass man nicht einfach überall herumtrampeln kann, sondern zuerst ein Bewusstsein dafür entwickeln sollte, ob das für die Natur vor Ort in Ordnung ist.

»NEYAWENHA SKANNOH« IST EIN INDIANISCHES SPRICHWORT UND BEDEUTET »ICH DANKE DIR, ERDE, DASS ES DIR GUT GEHT«.

Dieser Gedanke mag uns heute fremd sein, und doch war er die längste Zeit der Geschichte ein Teil von uns. Die indigene Völker haben überall auf der Erde heilige Stätte. Orte der Natur, die sie hüten, weil sie wesentlich für das Gleichgewicht der Erde sind. Mit diesem Ritual kannst du dieses Bewusstsein auch in deinem Alltag wieder leben.

BESITZ UND ÄUSSERER ERFOLG SIND KEIN REICHTUM.
WAHRER REICHTUM ENTSTEHT, WENN DU ETWAS ZURÜCKGIBST FÜR DAS, WAS DU BEKOMMEN HAST.

»Du bist nicht arm, wenn du nichts hast, du bist arm, wenn du nichts gibst.« – Unter diesem Motto überlege dir jeden Tag, was du der Natur, den Tieren, der Erde, anderen Menschen zurückgeben kannst. Halte dir vor Augen, dass alles, was du zum Leben hast, aus ihr stammt. Dein Geben muss nicht immer eine große Tat sein: Sag »Danke« für die gute Energie im Wald, bringe Vögeln Körner mit … sieh dein Geben nicht als Muss, sondern mache die Natur zum Partner, so wie es einst war.

Little Mantra from Nature. With Love.

ICH BESCHLIESSE, DEM GUTEN GEFÜHL IN MIR ZU FOLGEN,
AUF MICH SELBST ZU HÖREN UND AUF ALLES, WAS ICH SPÜRE.
ICH BESCHLIESSE, MIR SELBST DIE HEILUNG ZU GEBEN,
DIE ICH BRAUCHE, UM IN MEINER KRAFT ZU SEIN.
ICH BESCHLIESSE, MICH NICHT OHNMÄCHTIG ZU FÜHLEN,
SONDERN DEM ZU FOLGEN, WAS MEINER SEELE WICHTIG IST.
ICH BESCHLIESSE, ACHTSAM MIT MIR UND DER NATUR ZU SEIN.
ICH BESCHLIESSE, EIN LEBEN IN FÜLLE ZU FÜHREN
UND MEINE INNERE STÄRKE ANZUERKENNEN.
ICH ENTSCHEIDE MICH FÜR LICHT. UND LIEBE. UND ALL DIE
KREATIVEN MÖGLICHKEITEN, DIE MIR MEINE SEELE ZEIGT.
ICH BESCHLIESSE, DEM FLUSS DES LEBENS ZU FOLGEN, UM AN
DIE WILDEN ORTE ZU GELANGEN, AN DENEN ICH SEIN SOLL.
ICH BESCHLIESSE, DER KRAFT ZU VERTRAUEN,
DIE MICH DURCH DAS LEBEN LEITEN WILL,
UND MIT IHR ZU TANZEN.
ICH BESCHLIESSE, TEIL EINER NEUEN GENERATION ZU SEIN.
EINER GENERATION, DIE NICHT GETRENNT VON DER ERDE IST,
SONDERN VERBUNDEN IST MIT IHR UND DEN MUT HAT,
FÜR SIE ZU SPRECHEN.

ICH BESCHLIESSE, NICHT AUF DIE VERÄNDERUNG
ZU WARTEN, SONDERN SELBST DIE VERÄNDERUNG
ZU SEIN.
ICH BESCHLIESSE, MICH IN ALL DEN NOCH SO
DUNKLEN MOMENTEN DARAN ZU ERINNERN,
WAS ICH IN DIESEM MOMENT WEISS
UND DASS ICH DIESES WISSEN JEDERZEIT IN
MIR FINDEN KANN.
AN MEINEM HEILIGEN ORT. MEINER EIGENEN NATUR.
ICH HÖRE AUF IHREN RUF UND ENTSCHEIDE
MICH FÜR DIE SCHÖNERE,
DENN ICH WEISS JETZT, DASS SIE IN MIR BEGINNEN
KANN!

YOU ARE NATURE
ODER AUCH: DER EPILOG

Ich schließe den Reißverschluss meines Zeltes. Draußen höre ich Geräusche. Sie sind fremd. Als eingefleischter Stadtmensch kann ich sie nicht identifizieren. Vor meiner »Türe« brennt ein kleines Licht. Es erhellt den dunklen Wald mit einem gruseligen Schein – vor den anderen Zelten ist es bereits ausgegangen. Bevor ich mich hinlege, gehe ich noch einmal hinaus auf die Toilette, die aus einem Loch in der Erde besteht, aber dennoch einen Klodeckel hat.

Mit meiner Stirnlampe leuchte ich die Wände der Zeltplane ab. Es befinden sich ein paar unbekannte Käfer auf ihr. Für meine von der westlichen Welt geprägten Begriffe sehen sie nicht gefährlich aus. Anschließend leuchte ich in das Erdloch hinein, sehe nach, ob sich etwas bewegt. Alles ruhig.

Nachdem ich mein Geschäft erledigt habe, gehe ich an das andere Ende des Zeltes, wo ein kleiner Wassertrog auf mich wartet. Ich putze mir die Zähne und starre mit der Stirnlampe hinaus in die Finsternis, um festzustellen, ob mir irgendwo im Gebüsch zwei Augen entgegenleuchten. Sollte das der Fall sein – so wurde mir gesagt –, sei es besser, sich nicht zu bewegen und den inneren Drang, herausfinden zu wollen, wem die Augen gehören, zu unterdrücken.

»Whatever you do, don't run!«, sage ich mir leise vor. Während ich putze, stellt sich mir die Frage, wie genau meine dünne Zeltwand einen Löwen davon abhalten soll, zu dem Bett zu gelangen, in dem ich gleich schlafen werde. Eine Antwort darauf kann ich nicht finden. Mein Gesicht wasche ich, passenderweise, mit Katzenwäsche. Und hinter mir höre ich plötzlich ein Geräusch. Starre. Ich wage es nicht zu atmen. Dennoch drehe ich meinen Kopf leicht zur Seite, um herauszufinden, ob ich die erste Nacht hier draußen überleben werde. Erleichtert stelle ich fest: Es ist nur meine Zeltnachbarin Doris, die ebenfalls herausschleicht, um sich bettfertig zu machen. Anschließend kriechen wir beide zurück in unsere Nachtquartiere. Nur das kleine Licht vor meinem Zelt leuchtet in die Dunkelheit der unendlichen Wildnis hinein. Ich lausche in die Stille. Statt Straßenlärm höre ich das Rauschen der Blätter im Wind und etwas, das plötzlich an mein Zelt klopft. Eine Weile versuche ich das Geräusch zu identifizieren, bis ich schließlich zu müde dafür bin und einschlafe – für gefühlte fünf Minuten.

Ich höre Schritte vor meiner »Türe«. Etwas läuft durch das Camp, dicht an meinem Zelt vorbei. Ich sehe den Schatten im Licht. Mein Herz schlägt ein paar Schläge schneller als sonst. Mich zu bewegen wage ich nicht. Ich versuche den Gedanken zu unterdrücken, dass mich von dem, was auch immer da draußen ist, nur ein sehr dünnes Material trennt. Es gelingt mittelmäßig. Adrenalin schießt durch meine Adern, mein Reptiliengehirn funktioniert sofort und versetzt meinen ganzen Körper in Aufregung. Ich will davonlaufen, aber alles, was ich kann, ist, in Schockstarre zu verfallen. Währenddessen sind die Schritte wieder verschwunden. Ich brauche eine Ewigkeit, um erneut einzuschlafen. Schließlich gelingt es mir, aber nur so lange, bis mich ein weiteres Geräusch weckt. Im Halbschlaf hebe ich meinen Kopf und werfe einen vorsichtigen Blick durch das Netz meines Zeltfensters: Etwas Riesiges steht nur einen halben Meter von meinem Bett entfernt, aber ich kann nicht erkennen, was es ist – ich bin in einem mobilen Camp in Afrika, inmitten der pursten Natur.

Nach einiger Zeit stelle ich fest, dass ein Elefant genau von dem Baum isst, unter dem mein Zelt steht. Ein echter Elefant. Ohne Gitter. Nicht im Zoo. Ich versuche, langsam zu atmen, aber es gelingt mir nicht. Dafür höre ich in der Ferne Löwen brüllen – zumindest denke ich, dass es Löwen sind, und hoffe, dass es in der Ferne ist. Der Elefant lässt sich davon nicht aus der Ruhe bringen. Er isst genüsslich weiter und bewegt sich langsam an meinem Zelt vorbei. In mir drin fühlt es sich an, als könnte er jeden Moment auf meinen Kopf steigen. Wie es wohl sein mag, von einem tonnenschweren Tier zerquetscht zu werden?

Fast lautlos marschiert der Riese durch das Camp in die Nacht hinein, und ich erwache am nächsten Morgen, an dem ich noch vor Sonnenaufgang geweckt werde. Es war meine erste Nacht hier draußen, und es ist erstaunlich kalt für den sonnigen Kontinent. Verfroren, aber glücklich stelle ich fest, dass all das kein Traum war, denn im Camp befinden sich Spuren von Elefanten und Hyänen – what a time to be alive!

Jeden Morgen liege ich so in meinem Zelt. Seit zwei Wochen bin ich in der Wildnis Afrikas. Um mich zwitschern die Vögel lauter als alle Vögel, die ich je gehört habe, und in mir steigt ein tiefes Gefühl der Freude auf.

Vor drei Wochen noch saß ich an meinem Computer im geschlossenen Raum. In mir war es rastlos, doch hier draußen ist alles ruhig. Alles ist still, mein Atmen hebt meinen Brustkorb und gelangt das erste Mal seit Ewigkeiten wieder bis in meinen Bauch. Er gibt mir das Gefühl, einen Raum zu haben. Mich ausbreiten zu können und einen Platz einnehmen zu dürfen. Ich denke nicht, sondern bin einfach in diesem Moment hier draußen in der Natur. Das erste Mal spüre ich wirklich, was das Leben eigentlich zu bieten hat. Und während die Vögel ihren Chören und Gesängen nachgehen, höre ich auf einmal eine leise Stimme, die zu mir spricht und sagt: *YOU ARE NATURE!*

Drei kleine Worte – der Ruf der Natur –, die im Fluss meines Lebens ihren Lauf genommen haben. Mögen sie auch dich inspirieren, deiner eigenen Natur zu folgen. Hinauszugehen und in der Wildnis deiner Seele über die Erde zu wandern. Mögen sie dich immer daran erinnern, dass dir die Erde nicht gehört, sondern dass du zur Erde dazugehörst. Dass alles verbunden ist und dass jeder Teil dieser Verbindung wertvoll ist, wie er ist. Mögen sie dich – wie mich – dazu ermutigen, an dich selbst zu glauben, deine Natur zu leben und dich dabei unterstützen, eine neue Perspektive aus dir selbst heraus in dieser Welt wachsen zu lassen, damit wir einen anderen Umgang mit der Natur finden können: allen Tieren, Bäumen, Pflanzen, Mineralien, Menschen – der Erde im Gesamten, und auch mit uns selbst.

Dear Nature!

MÖGEN UNSERE SEELEN OFFEN SEIN
FÜR DEINE SCHÖNHEIT.
MÖGEN WIR DICH WIEDER MIT
UNSEREN HERZEN SEHEN.
MÖGEN WIR DICH BESCHÜTZEN
MIT ALL UNSERER KRAFT.
MÖGEN WIR SELBST WIEDER DIE LÖWEN SEIN.
MÖGEN WIR UNERSCHROCKEN DURCH
DEINE WILDNIS WANDERN.
MÖGEN WIR DIE SCHATTEN MIT
UNSEREM LICHT HEILEN.
MÖGE DER SONNENAUFGANG EINER
NEUEN ERDE MIT UNS SEIN.
MÖGEN DIE STERNE UNS DEN WEG
DORTHIN LEUCHTEN.
MÖGEN DIE VÖGEL UNS MIT IHREM
FRÖHLICHEN GESANG BEGLEITEN.
MÖGEN WIR MIT ALLEN LEBEWESEN DER ERDE
WIEDER AUF DERSELBEN SEITE DES FLUSSES STEHEN.
MÖGEN UNSERE FUSSSPUREN NEUE WEGE FÜR DIE
ZUKUNFT SCHAFFEN.
MÖGEN WIR WIEDER VERBUNDEN SEIN MIT
UNSERER NATUR.

LOKAH. SAMASTAH. SUKHINO. BHAVANTU.
MÖGEN ALLE WESEN DER WELT GLÜCKLICH SEIN!

Wie können wir unsere Natur finden, wenn wir sie wieder verlieren?

»VERGISS NIE, VERGISS NIE:
IMMER BIN ICH DA. IMMER BIST DU DA.
IMMER SIND WIR VERBUNDEN.
DAS BAND REISST NIE.
GEH EINFACH IN DICH.
SEI DAS, WAS DU BIST.

UND DA WERDE AUCH ICH SEIN«,
SAGT DIE NATUR.

MEDITATION ZUR VERBINDUNG MIT DER – EIGENEN – NATUR

Wenn ich spüre, dass ich den Kontakt zu mir verliere; wenn ich merke, dass mir alles ein wenig zu viel wird; wenn ich fühlen kann, dass mir die Welt, wie sie heute ist, wieder einmal ein wenig zu schnell geht; wenn es zu viele Möglichkeiten in ihr gibt; wenn ich Angst habe, den nächsten Schritt zu gehen; wenn ich unklar bin über meine Ziele oder das Gefühl habe festzustecken, dann mache ich diese Meditation. Ich habe sie selbst geschrieben. Vielleicht hilft sie auch dir, in Verbindung mit der – eigenen – Natur zu stehen.

Stell dir zuerst die ursprüngliche Natur vor. Einen riesengroßen, unendlichen Lebensraum, wie er unberührter nicht sein könnte.

Schließe dann deine Augen. Öffne dein Herz. Erschaffe ein wildes Paradies aus üppigem Leben in dir. Ein natürliches Gleichgewicht, in dem jedes Lebewesen seinen Platz hat und sich selbst mit Freude lebt. Was möchte dich an diesem Ort finden? Was kannst du sehen?

Vielleicht kannst du Regenwürmer entdecken? Kleine Wesen, die die Erde auflockern und so dazu beitragen, dass sich die Wurzeln der Pflanzen leichter ihren Weg durch die Dunkelheit ans Licht bahnen? Vielleicht kannst du all die Insekten herumschwirren hören, die auf ihre Art und Weise einen kleinen, aber bedeutenden Beitrag zum Gleichgewicht der Natur leisten?

Da, ein flauschiger Hummelpopo. Siehst du, wie er durch die Luft zischt, dicht gefolgt von einer emsigen Biene? Wie sich beide zielstrebig ihren Weg zum Lavendel brummen und mit ihrer kleinen Existenz dafür sorgen, dass alles blüht? Während sie tagein, tagaus ihrer fleißigen Bestimmung folgen, wird das bunte und lebhafte Treiben von sanften Riesen beobachtet. Es sind die Bäume.

Siehst du, wie sie in den Himmel ragen? Eine Verbindung schaffen zwischen Himmel und Erde? Wie sie mit ihren Baumkronen im Wind schwingen und dazu mit ihren Blättern rauschen? Und kannst du auch den kühlen Schatten ihres Daseins fühlen, der an sonnigen Tagen nicht nur dir, sondern unzähligen Lebewesen Unterschlupf bietet? Und nimmst du auch das Singen der Vögel wahr, die im Dickicht ihrer unzähligen Äste wohnen? All die Strophen, die sie mit ihren kleinen Kehlen trällern, als wären sie nur gekommen, um die Erde in einen bunten Chor aus Fröhlichkeit zu verwandeln?

»Ich bin am Leben. Ist das nicht wunderbar?«, lautet ihr Ruf. Und hörst du zwischen all den lauten Gesängen auch den geheimnisvollen Ruf einer Eule, der Meisterin der Nacht?

Richte nun deinen Blick von oben auf die Erde. Fühlst du ihre kalte und klare Struktur unter deinen Fußsohlen? Den lebendigen und soliden Grund, aus dem das Leben wächst? All die überwältigende Ruhe und Kraft, die von ihm ausgeht? Nimmst du wahr, wie er dir und allem Leben auf der Erde einen festen und stabilen Platz ermöglicht? Dich trägt. Erdet. Auflädt mit innerer Stärke. Und kannst du auch all die Steine auf ihm erkennen? Mineralien, die seit Milliarden von Jahren existieren und alles in der Natur mit Nährstoffen versorgen. Wie sie sich zwischen den Pflanzen auf der Erde verstecken oder als stolze Berge in den Himmel ragen? Dir so auf ihre Art und Weise zeigen, was es heißt, mit zwei Beinen fest am Boden zu stehen, und dennoch nach oben zu streben. Vielleicht kannst du auf einmal spüren, wie sich deine Füße selbst mehr und mehr anfühlen wie Wurzeln, die nichts mehr erschüttern kann?

Kein Wind. Kein Regen. Keine Sorgen. Keine Gedanken. Du bist voll präsent. Die Sonne scheint auf dich. Und du kannst nicht anders, als dich gut zu fühlen. Merkst du, wie der gelbe Ball aus Feuer nicht nur den Pflanzen, sondern auch dir Wärme und vor allem Lebensfreude für dein Wachstum schenkt? Wie sowohl das Licht des Himmels als auch die Kraft der Erde dazu beitragen, dass alles Leben sich selbst leben kann? Und dich herausfordert zu blühen, zu wachsen, hinauszugehen und in der Welt zu sein?

Lass diesen Gedanken auf dich wirken. Gibt dich ihm hin. Und atme ein. Nichts als frische, klare, kalte Luft. Spüre, was sie mit dir macht. Wie sie einen Raum in dir öffnet. Außen und Innen miteinander verbindet und Grenzen verschwimmen lässt. Dich jede Sekunde deines Lebens eins werden lässt mit allem, was um dich ist, und jegliche Trennung mühelos überwindet. Wie sie durch dich fließt, wie ein Fluss. Und wie langsam alles zu einem Meer verschwimmt. Eine unendlich stille See, die als ruhige Kraft hinter all den Wellen wohnt.

Nimm diese Kraft in dich auf, erkenne sie als Teil von dir und sieh dich weiter um. Was will sich dir noch offenbaren?

Vielleicht kannst du auf einmal nicht nur all die kleinen, sondern auch die großen Tiere erkennen? Elefanten zum Beispiel. Riesige Geschöpfe, die mit dem Wissen aus einer längst vergangenen Zeit die Erde bewohnen. Mit ihren sanften Schritten, ihrer inneren Weisheit auf ihr wandern und sie so auf geheimnisvolle Art und Weise versorgen.

Und was ist mit all den Igeln, Rehen, Füchsen, Affen, Wölfen, Katzen, die in der Natur Unterschlupf finden. Mit ihrer Existenz die noch so wilden und verwachsenen Bereiche der Natur mit Leben füllen. Unentdeckt und geheimnisvoll durchstreifen sie die Erde. Und vielleicht kannst du auf einmal mehr und mehr das Geschenk dieser Vielfalt in dir entdecken? All das Leben, das sich überall versteckt und von dem du ein Teil sein darfst?

In der Luft tummeln sich unzählige Tierchen. Gehen ihrem geschäftigen, bunten Treiben nach. Niemals müde, ihre innere Bestimmung für den Kreislauf des Lebens zu erfüllen. Auf den Lichtungen wachsen Blumen. Sonnen sich in Licht und Wärme. Sprießen nur so vor sich hin. Tanzen mit ihren bunten Gesichtern im Rhythmus des Windes. Und unter der Erde liegt das geheime Reich der Bäume. Ein Geflecht aus Wurzeln und Pilzen, die unterirdisch alles zusammenhalten. Sich austauschen und gegenseitig unterstützen.

Kannst du fühlen, wie voll von Leben die Natur eigentlich ist und wie sehr dieses ganze Zusammenspiel auch zu deiner eigenen Lebendigkeit beiträgt? Wie alles sichtbar und unsichtbar ineinander verwoben ist, und wie kein Teil darin wesentlicher oder unwesentlicher für seine Schönheit und Fülle ist?

Durch die Natur kannst du plötzlich ganz klar eine unerschütterliche Wahrheit in dir fühlen – alles ist verbunden. Nichts existiert getrennt. Alles ist eins mit allem. Und du bist ein wertvoller Teil davon.

Durch die Verbindung mit der Natur weißt du jederzeit: Was du zu geben hast, wird die Erde bereichern, und was du dafür brauchst, bekommst du von ihr zur Verfügung gestellt.

Und nun werde dir bewusst: Die Verbindung ist kein Konstrukt deiner Fantasie. Nichts, was wir uns eben erschaffen haben, sondern das tatsächliche Potenzial der Erde. Das Potenzial, das in dir wohnt. Das Potenzial der Natur in ihrer ursprünglichen Form. So, wie sie gedacht ist. Als Balance. Und als Miteinander. Als lebendige Spielwiese für Leben. Als Raum der Entdeckung. Als Wildnis der Erfahrung. Als Möglichkeit zu wachsen. Als ein Gleichgewicht aus Pflanzen, Tieren, Mineralien und Menschen. Ein Zusammenspiel aus den vier Königreichen der Natur – wie sie gerne genannt werden –, die sich gegenseitig dabei unterstützen zu leben, zu blühen und zu sein.

TIPP

Du findest diesen Text auch als Meditation in meinem Podcast »Rewild Yourself – dein Podcast zur Verbindung mit der – eigenen – Natur«.

Die zehn Schritte zur Verbindung mit der – eigenen – Natur auf einen Blick

SEI STILL, LAUSCHE DEINER NATUR,
FOLGE IHREM RUF.
ERWECKE DIE WILDNIS IN DIR,
FOLGE DER FREUDE und DEM POTENZIAL.
WACHSE, VERLASSE DIE KOMFORTZONE,
BEGINNE ZU TUN.
FOLGE DEINEM RHYTHMUS, HAB GEDULD,
LASS ES FLIESSEN.
SETZE GRENZEN, SCHAFFE DIR RAUM,
SEI ES DIR WERT.
NIMM DEINE ÄNGSTE AN,
LASS LICHT STÄRKER SEIN ALS SCHATTEN.
LASS ALTES LOS, HEILE,
WERDE GANZ UND VERTRAUE DEM WEG.
HOL DIR KRAFT IN DER NATUR,
VON TIEREN UND DER ERDE.
LIEBE, TANZE, SEI MIT DEM LEBEN UND
JEDEM MOMENT.
HINTERLASSE DIE FUSSSPUREN,
DIE DU AUF DER ERDE SEHEN WILLST.

UND:
INSPIRIERE ANDERE. HABE MUT.
SEI DANKBAR, HIER ZU SEIN.
HILF MIT, DASS AUCH ANDERE
DIE VERBINDUNG ZUR – EIGENEN –
NATUR WIEDERERKENNEN
UND DASS DAS BEWUSSTSEIN FÜR
DIESE NEUE PERSPEKTIVE
AUF DIESER WELT WÄCHST.

RAUS IN DIE NATUR

Die Natur gibt uns die Chance zu entdecken, zu spielen, zu fühlen, die Erde zu erkunden. Mit unserer Seele auf ihr zu wandern. Lebendig zu sein. Neugierig zu bleiben. Hier kommen 13 Tipps dazu, wie das im Alltag möglich ist.

ERKUNDE DIE NATUR IN DEINER UMGEBUNG

Es muss nicht immer weit weg sein: Suche dir Wanderwege, Nationalparks oder Natur in deiner Umgebung. Probiere Campen mit Freunden, triff dich im Freien, geh in Parks oder schaue in den Sternenhimmel. Natur ist überall. Man sieht sie nur nicht immer. Sei so oft draußen, wie es dir möglich ist.

ZÜCHTE DEINEN EIGENEN KLEINEN GARTEN ZU HAUSE

Hol dir Pflanzen in deine Wohnung. Beginne mit einer, die du spannend findest. Suche sie nach Gefühl aus. Kümmere dich um sie. Lerne ihre Bedürfnisse kennen. Sich um eine Pflanze zu kümmern verändert die Verbindung zur Natur enorm.

VERBINDE DICH MIT DER ENERGIE DER JAHRESZEITEN

Jede Jahreszeit hat eine andere Energie, die du spüren kannst. Ihre Wechsel machen etwas mit deinem Körper, aber auch mit deiner Seele. Versuche sie bewusst wahrzunehmen und ihren Rhythmus zu nutzen. Genieße Zeiten der Stille ebenso wie jene, in denen alles lebendig ist.

NUTZE DIE ELEMENTE DER NATUR FÜR DICH

Wind, Wasser, Sonne, Erde, Regen, egal wann du die Gelegenheit hast, mit den Elementen der Natur in Verbindung zu kommen, tu es. Ärgere dich zum Beispiel nicht über den Regen, sondern nutze ihn für den Kontakt mit deiner eigenen Natur.

SCHÜTZE DIE NATUR IN DEINER UMGEBUNG

Hilf kleinen Käfern auf der Straße, meide Tierparks und alles, was unnatürlich ist, egal wie schön es im Äußeren aussieht. Füttere Vögel im Winter oder erkundige dich, was es in deiner Umgebung an Naturschutzprojekten gibt. Du wirst sehen, es sind jede Menge.

LERNE DIE NATUR KENNEN

Es gibt unglaublich viel über die Natur zu entdecken. Sie ist ein wunderbares Gesamtkonstrukt. Um sie besser zu verstehen: Schau dir Dokumentationen über die Natur, Tiere oder die Erde an. Lass dich inspirieren und überraschen von dem wunderbaren Ort, auf dem du zu Hause bist.

ENTDECKE DIE NATUR UM DICH

Es gibt unzählige Tiere, Kräuter und Pflanzen um uns, von denen wir kaum etwas wissen. Beginne dich auf deinen Spaziergängen dafür zu interessieren. Du kannst Vogelstimmen mit speziellen Apps abgleichen oder Pflanzen identifizieren. Sei neugierig. Es macht so viel Spaß!

VERLEGE AKTIVITÄTEN INS FREIE

Anstatt drinnen zu sein, such dir eine Sportart im Freien. Nimm deine Arbeit mit hinaus, wenn es möglich ist, oder verbringe einen Abend mit Picknick auf der Wiese anstatt in den vier Wänden.

KAUFE REGIONALE UND SAISONALE PRODUKTE

Stelle deine Nahrung auf Produkte aus der Region um und kaufe nur, was gerade Saison hat. So lernst du auch über Obst und Gemüse – wann und wie lange es wächst.

FINDE DEINEN EIGENEN KRAFTPLATZ

Egal ob ein Baum oder ein Ort, den du besonders schön findest: Such dir deinen kleinen Kraftplatz, zu dem du immer gehen kannst. Oder besser gesagt: Lass ihn dich finden.

SUCHE DIR NATURSPOTS AUF DEINER NÄCHSTEN REISE

Egal wo du bist, überall gibt es tolle Plätze in der Natur zu entdecken. Recherchiere vor deiner nächsten Reise ein wenig und plane Ausflüge dorthin. Entdecke die unterschiedlichen Landschaften der Erde.

STELLE DICH MITTEN IN EIN ÖKOSYSTEM (NUR, WENN DU DARFST)

Es gibt kein besseres Gefühl, als in einem intakten Ökosystem zu stehen. Am eigenen Leib zu spüren, wie schön es sein kann, wenn die Natur im Gleichgewicht ist, und welch friedliche Energie daraus entsteht. Genau dieses Gefühl wird auch dich anstecken und von ganz allein dazu beitragen, dass sich dein Bewusstsein für die Natur verändert.

UND ZU GUTER LETZT: SAGE DANKE!

Jeder noch so kleine Käfer trägt dazu bei, dass wir leben. Ruf es dir in Erinnerung und sage ab und zu Danke!

DIE ELEFANTENHERDE
DIE INSPIRATION FÜR DIE NATUR

»You may think that you are simply one small positive droplet in the ocean of troubles. A droplet that can't do anything. But if you search our ever expanding ocean you will find millions of other small droplets with the same mindset as yourself. Together you form a sea in an ocean. That sea can stir a storm. That sea can make a change.«

HARKIRAN. S . S . DHINGRA, 15 JAHRE

Manchmal gibt einem diese Welt das Gefühl, allein zu sein. Das Gefühl, nicht genug tun zu können. Das Gefühl der Ohnmacht. Man hinterlässt Fußspuren, geht und geht und geht, und dennoch bleibt nichts Beständiges. Es wirkt, als würde es niemanden interessieren und als könnte sich nichts je ändern.

Vor meiner Reise nach Afrika hatte ich oft dieses Gefühl. Das Gefühl, allein zu sein mit dem Wunsch, wieder sorgsamer mit der Erde umzugehen, liebevoller mit den Tieren, den Bäumen, den Pflanzen, der Erde an sich, und auch mit uns Menschen. Aber dann bin ich in Afrika aus dem kleinen Buschflugzeug gestiegen, und auf einmal waren da so viele Menschen, denen die Natur genauso am Herzen gelegen ist wie mir. Die unermüdlich ihre Zeit, ihre Liebe und ihr Talent dafür nutzen, um etwas für die Natur zu tun. Von diesem Moment an bin ich unzähligen von ihnen begegnet – sie alle sind meine Freunde, meine Inspiratoren, meine Mutmacher, meine Webbegleiter, mein Hoffnung, meine Herde geworden … und weißt du was: »There is plenty of fish in the sea« – auch hier hat mich die Natur eines Besseren belehrt: Kein Key-Animal, auch kein Elefant ist allein. Elefanten kommen in Herden. Und alles, was wir tun müssen, ist, uns wieder zu Herden zusammenzuschließen. Unsere Kräfte zu bündeln. Unser Wissen zu teilen und weiterzugeben. Uns auszutauschen. Uns gegenseitig zu inspirieren – so, wie es die Elefanten von Generation zu Generation tun.

Was uns die Tiere mit ihrem Zusammenhalt in Herden zeigen, ist nichts anderes als: Wir sind nie allein. Wir sind viele. Sehr viele. Und wenn wir uns verbinden, werden wir stark. Eine Elefantenherde, die einen ganzen Trampelpfad in die Zukunft gehen kann!

In diesem Sinne: Hier findest du einige der Menschen, die mich inspiriert haben. Ihr Wissen hat mir maßgeblich weitergeholfen, und wenn du Lust hat, verbinde dich auch mit mir auf Instagram, Facebook oder direkt über meine Website – www.annazemann.com. Sei nicht schüchtern, dich meiner Elefantenherde anzuschließen.

BÜCHER ZUR VERBINDUNG MIT DER NATUR:

Lawrence Anthony: Der Elefantenflüsterer
Charles Eisenstein: Klima, eine neue Perspektive
Charles Eisenstein: Mut, Wut, Liebe
Maya Göpel: Unsere Welt neu denken
Jane Goodall: Reason for Hope
Jane Goodall: The Ten Trusts
Nana Grosse-Woodley: Mtitos Weg in die Freiheit
Thich Nhat Hanh: Liebesbriefe an die Erde
Peta Kelly: Earth is Hiring
Dalai Lama: Schützt unsere Umwelt
Kenneth Meadows: Die Weisheit der indigene Völker
Don Miguel Ruiz: Die vier Versprechen
Daphne Sheldrick: An African Lovestory
Llewellyn Vaughan-Lee u. a.: Spirituelle Ökologie
Shiva Vandana: Eine andere Welt ist möglich
Alberto Villoldo: Das geheime Wissen der Schamanen
Edward O. Wilson: Half Earth
Peter Wohlleben: Das geheime Leben der Bäume

FILME ZUR VERBINDUNG MIT DER NATUR:

Dancing with the Birds
Earthlings
Cowspiracy & Fishspiracy
The Game Changers

Dominion
A life on our Planet
The Ivory Game
Our Planet

ORGANISATIONEN ZUR VERBINDUNG MIT DER NATUR:

Amazon Frontlines
Earth Alliance
Vier Pfoten
Jane Goodall Roots and Shoots
Daphne Sheldrick Wildlife Trust
The Rhino Orphanage
Sea Shepherd

UND DIE BILDER AUS DIESEM BUCH …

… kannst du gerne online unter www.annazemann.com für dein Zuhause erwerben. Mein Zuhause ist voll mit ihnen. Vor allem die Bäume begleiten mich jeden Tag und erinnern mich an die Verbindung mit der – eigenen – Natur. Manchmal ist es so einfach, mit der Natur in Kontakt zu treten. Tipp: Mit dem Code »IamNature« bekommst du die Bilder nicht nur günstiger, sondern spendest zeitgleich 25 Prozent des Gewinns an eine der oben genannten Organisationen.

Rewild Yourself! Wenn du Lust bekommen hast, dich mit deiner – eigenen – Natur zu verbinden, deine Ideen, Träume, Freuden »auszuwildern« und das loszulassen, was dich davon abhält, aus dir selbst zu wachsen, kannst du auch gerne mit mir persönlich an deinem Wachstum arbeiten. Auf meiner Website www.rewildyourself.net findest du alle Informationen zu meinen Meditationen, Natur-Ritualen und »Rewild-Yourself« Programmen.

Danke

»DANKE, DASS DU MICH UNTERSTÜTZT.
DANKE, DASS DU FÜR MICH DA BIST.
DANKE, DASS DU MICH NICHT VERGISST.
DANKE FÜR DEINE LIEBE.
DANKE FÜR DEIN HERZ. UND FÜR DEINE SEELE.
DANKE, DASS DU DU BIST.
DANKE, DASS DU DEINE NATUR LEBST.

ICH WERDE ES 10.000 MAL ZURÜCKGEBEN.
AN DICH. AN DIE KINDER DER ZUKUNFT.
AN DIE TIERE. UND IHRE KLEINEN.
AN DIE BABYBÄUME.
UND DIE ALTEN RIESEN.
AN DAS GROSSE MEER.
UND DIE STILLE SEE.
AN DIE STOLZEN BERGE.
UND DIE FLEISSIGEN BIENEN.
AN DIE MENSCHEN, DIE DU LIEBST.
AN DIE ERDE VON MORGEN.
LET´S WALK ON THE BRIGHT SIDE OF LIFE!«,

SAGT DIE NATUR.

Be kind!

Selbst in der größten und
gefährlichsten Wildnis! *

* DIE LETZTEN WORTE DES ALTEN BAOBABS ...
... UND DAS SIEBTE UND LETZTE GESETZ DER WILDNIS!

Quellen

Eisenstein, Charles: *Die schönere Welt, die unser Herz kennt, ist möglich.* München, 2017.

Lovelock, James: *Gaias Rache.* Berlin, 2006.

Vaughan-Lee, Llewellyn (Hrsg.): *Spirituelle Ökologie.* Saarbrücken, 2020.

Villoldo, Alberto: *Das geheime Wissen der Schamanen.* München, 2000.

Wohlleben, Peter: *Das geheime Leben der Bäume.* München, 2015.

Film: Der König der Löwen, 1994.